LA CUISINE ANTICHOLESTÉROL

Abréviations

c.c. = cuillère à café
c.s. = cuillère à soupe
Chol. = cholestérol
cl = centilitre
cm = centimètre
env. = environ
G = glucides
g = gramme
kcal = kilocalorie
kg = kilogramme
kJ = kilojoule
L = lipides
l = litre
M.G. = matière grasse
M.S. = dans la matière sèche
ml = millilitre
mm = millimètre
P = protéine
prod. industriel = produit industriel
prod. surgelé = produit surgelé
resp. = respectivement
Ø = diamètre

Mesures

1 c.c.	=	5 ml		
1 c.s.	=	10 ml		
1 tasse	=	150 ml		
1 l	=	1000 ml		
½ l	=	500 ml		
¼ l	=	250 ml		
⅛ l	=	125 ml		
1 cl	=	0,01 l	=	10 ml

Note importante :

Toutes les données, conseils et recommandations figurant dans ce livre s'appuient sur les connaissances disponibles au moment de sa rédaction. Cependant toutes les informations sont fournies sous toutes réserves. Ni l'éditeur ni les auteurs ne sont responsables des inconvénients ou dommages éventuels qui résulteraient d'indications pratiques données dans ce livre. Les conseils indiqués ne sauraient remplacer une consultation ou un suivi médical.

LA CUISINE ANTICHOLESTÉROL

Sommaire

Introduction

Un taux de cholestérol élevé est-il vraiment un problème ? Bien des personnes doivent combattre le cholestérol, même si elles ont l'air en santé! C'est ainsi que plusieurs personnes sont tranquilles d'esprit, ignorant les dangers réels d'un taux de cholestérol élevé. Un taux de cholestérol élevé dans le sang augmente les risques de maladies cardio-vasculaires.

En fait, le cholestérol absorbé avec les aliments – souvent en trop grandes quantités – n'est qu'un petit facteur dans le processus de l'artériosclérose. Les autres facteurs pour les maladies cardiovasculaires sont : le tabagisme, la tension artérielle élevée, l'alimentation riche en glucides et lipides, l'embonpoint, l'âge (femmes de plus de 55 ans, hommes de plus de 45 ans) et l'hérédité.

Le cholestérol est un lipide présent uniquement dans les produits animaux. Par une alimentation pauvre en viandes (particulièrement en charcuterie grasse), œufs, beurre, fromage et autres produits laitiers, vous pouvez réduire l'absorption du cholestérol

alimentaire. Ainsi, vous consommez automatiquement moins de matières grasses et aurez donc un effet positif, pas seulement sur votre taux de cholestérol, mais aussi sur votre poids. Évitez aussi les pâtes aux œufs, les plats préparés et les biscuits sucrés souvent riches en beurre et en œufs. Selon l'ANSES (Agence nationale de sécurité sanitaire de l'alimentation, de l'environnement et du travail), il est recommandé de ne pas dépasser un apport quotidien en cholestérol de 300 mg. Grâce aux recettes de ce livre vous pourrez très bien respecter cette valeur indicative.

Une alimentation appropriée joue un rôle important dans la baisse de votre taux de cholestérol et la réussite de cette entreprise. Au quotidien, ce n'est pas facile de changer ses habitudes alimentaires et de les respecter à long terme car les tentations irrésistibles sont omniprésentes. Mais heureusement, les régimes alimentaires ne sont plus aussi sévères. Normalement, on arrive à régulariser le taux de cholestérol grâce à une alimentation équilibrée et un contrôle avisé des lipides.

Que se passe-t-il avec le cholestérol alimentaire ?

Le cholestérol qui provient des aliments consommés passe de la bouche à l'œsophage puis à l'estomac pour aboutir enfin à l'intestin. Le cholestérol est une substance lipidique et donc comme le gras, non hydrosoluble. Mais comme le plasma sanguin est constitué à 90 % d'eau, le transport du cholestérol est assuré par différents types de lipoprotéines.

Il existe deux types de lipoprotéines : les lipoprotéines à basse densité (ou LDL : Low Density Lipoprotein) et les lipoprotéines à haute densité (ou HDL : High Density Lipoprotein). Les LDL transportent le cholestérol des lieux de sécrétion vers les cellules de l'organisme. Les HDL déchargent les artères et les tissus du cholestérol et le ramènent vers le foie et la vésicule biliaire, pour qu'il soit enfin décomposé dans l'intestin. Un taux élevé de LDL signifie donc beaucoup de cholestérol dans le corps. Cependant, un taux élevé de HDL signifie que beaucoup de cholestérol est transporté à travers le corps et évacué par les selles.

C'est pour cette raison qu'on distingue le « bon » cholestérol (HDL) du « mauvais » cholestérol (LDL). Il est donc important d'avoir un taux élevé de HDL et un taux bas de LDL. Ce qui est très influençable par l'alimentation. Un bon taux de HDL est > 45 mg/dl et un bon taux de LDL est < 150 mg/dl chez les personnes en pleine santé.

Adieu les kilos superflus

Le fait d'avoir de mauvaises habitudes culinaires et d'ingérer plus de calories que nos besoins, entraine non seulement une prise de poids régulière mais aussi un taux de cholestérol LDL élevé. Les bourrelets de graisse doivent disparaître, d'une part, pour des raisons esthétiques et, d'autre part, pour des raisons de santé. Quand les kilos superflus fondent, le taux de cholestérol se normalise de lui-même.

Le LDL croît et le LDL décroit, les risques d'une crise cardiaque diminuent sensiblement.

Manger équilibré, c'est facile – la pyramide alimentaire

Ce n'est pas difficile de se nourrir sainement et de varier son alimentation quand on a un mauvais taux de cholestérol. Il y a quelques règles de base à respecter qui laissent assez de place aux préférences individuelles et à la diversité. La pyramide alimentaire explique les règles de base. En un coup d'œil vous remarquez que rien n'est interdit ; seules comptent les quantités. Plus la barre de la pyramide est large, plus vous pouvez consommer l'aliment en question.

Boissons (Eau, jus de fruits dilués, thés et tisanes)

En plus de la nourriture, le corps a besoin d'un litre et demi à deux litres de liquide par jour pour un fonctionnement optimal. Le meilleur coupe-soif est l'eau. Qu'elle soit du robinet ou en bouteille, elle assouvit la soif sans apport calorique. Non sucrés, les tisanes et les thés calment aussi la soif sans faire grossir. Les jus de fruits dilués avec de l'eau à hauteur

Dois-je perdre du poids ?

En calculant votre IMC (Indice de Masse Corporelle), vous saurez si vous êtes en surpoids ou non.

$$IMC = \frac{\text{Poids (en kg)}}{(\text{Taille en m})^2}$$

Avec une valeur entre **18,5 et 25,** les feux sont au vert! Vous avez un poids normal.

Avec une valeur entre **25 et 30,** c'est une première alerte : vous êtes en surpoids et devez changer quelque chose.

Si la valeur dépasse 30, on parle d'obésité ou d'adiposité. Dans ce cas, tous les feux sont au rouge! Il est grand temps de perdre du poids pour préserver sa santé.

Pyramide alimentaire

de 1 : 3 sont aussi, pour certains, une alternative saine. Les jus gardent ainsi leur goût sucré sans pour autant perdre leurs sels minéraux et leurs vitamines. Au contraire, le coca-cola, les limonades et le thé glacé ne doivent être bus qu'exceptionnellement à cause de leur haute concentration en sucres.

Fruits et légumes

La règle de base pour une alimentation saine est de manger cinq portions de fruits et légumes par jour. Qu'ils soient frais ou surgelés, cuits ou crus, on devrait en consommer au total entre 500 et 800 grammes, idéalement répartis entre 3 portions de légumes et 2 portions de fruits. Pour certains, ça parait beaucoup plus difficile que ça ne l'est. Le plus simple est de couper déjà au petit-déjeuner une pomme ou une banane dans le muesli et il reste alors une portion de fruits pour le goûter de l'après-midi.

Il y a donc encore trois portions de légumes à consommer par jour. Accompagnez vos repas d'une bonne portion de légumes cuits, d'une salade ou d'une assiette de crudités, ou cuisinez des plats à base de légumes ou de légumes secs. Faites attention de ne pas toujours choisir les mêmes sortes de légumes et attachez beaucoup d'importance aux légumes verts : de nouvelles études montrent que les légumes qui contiennent de l'acide folique empêchent la formation de calcaire. Une carence de cette vitamine augmente les risques d'artériosclérose. Les légumes verts sont particulièrement riches en acides foliques. Comme l'acide folique est une vitamine particulièrement sensible, les aliments ne doivent pas être directement exposés au soleil et à la chaleur.

Pain, pommes de terre, riz et autres

Les féculents sont des aliments riches en hydrates de carbone, vitamines, minéraux et fibres. Le pain complet et les céréales sont particulièrement rassasiants. Les pommes de terre, les pâtes et le riz devraient composer un repas principal et devraient être consommés nature afin de conserver leur valeur énergétique et leur substance nutritive. Quand on a un taux de cholestérol élevé, il est important de prendre en considération l'apport en fibres. Les fibres réduisent le taux

Conseils pour un bon apport en acide folique

- Mangez suffisamment de légumes frais comme le brocoli, les épinards et la salade verte.
- Cuisez les légumes à la vapeur avec peu d'eau et laissez-les assez croquants.
- Consommez les légumes frais assez rapidement ou bien conservez-les dans le bac à légumes de votre réfrigérateur.
- Évitez les légumes en conserve. Si vous n'avez pas de légumes frais à portée de main, prenez des légumes surgelés.

de cholestérol car elles favorisent son élimination par les selles. Le pain et les autres aliments complets contiennent peu de gras mais sont riches en hydrates de carbone complexes, en vitamines et en substances minérales.

Lait et produits laitiers
Ces aliments vous assurent un apport élevé en protéines, en vitamine B et en calcium. Celui qui voudrait économiser des calories et du gras, devrait consommer des produits laitiers écrémés : lait et yaourt à 1,5 % de M.G., fromages avec moins de 45 % de M.G. dans la matière sèche et du fromage blanc à 0 % M.G. Le mieux est de mélanger soi-même du fromage blanc ou du yaourt nature avec des fruits frais et de renoncer ainsi aux produits laitiers sucrés.

Viande, charcuterie et poissons
Deux ou trois repas de viande ou de charcuterie par semaine sont suffisants pour un apport optimal en protéines de grande valeur, en zinc et en fer. Au lieu de mettre de la charcuterie grasse sur votre pain, mettez-y un aspic de charcuterie, du corned-beef, un aspic de volaille, des viandes froides ou du jambon. Il est conseillé d'ôter la couenne du jambon.

Les poissons d'eau de mer sont particulièrement sains. Ils sont riches

en iode, en acides gras oméga 3 et en protéines de haute valeur. Une fois par semaine au moins, vous devriez manger du colin, du cabillaud ou du sébaste. Si le saumon, le hareng, le maquereau et le thon sont considérés comme des poissons gras, ils marquent quand même des points grâce à leur apport en oméga 3. C'est pour cela que vous devriez avoir du poisson gras sur votre menu hebdomadaire si vous voulez perdre du poids. D'ailleurs les acides gras oméga 3 sont des acides gras polyinsaturés et protègent donc des maladies cardio-vasculaires.

Matières grasses et noix

On peut diviser les matières grasses en deux groupes : les graisses «visibles» comme le beurre, la margarine qu'on tartine sur le pain, et les huiles avec lesquelles on cuisine ou on prépare les plats, et les graisses «cachées» qui sont des graisses de constitution des aliments, comme, par exemple, la charcuterie, le fromage, les biscuits, gâteaux et bien d'autres aliments. Comme les graisses «cachées» sont consommées inconsciemment,

on devrait faire attention avec les graisses «visibles» : cela signifie tartiner le pain avec une couche fine de margarine, utiliser le minimum d'huile en faisant revenir les aliments et en employant une poêle à revêtement antiadhésif. Mangez moins d'aliments frits et plus d'aliments cuits à la vapeur, c'est plus sain. Changez vos habitudes : utilisez toujours de l'huile d'olive, de l'huile de colza ou de l'huile d'arachide pour la cuisine chaude ou froide. Les noix ont beaucoup de gras, mangez-en moins.

Sucreries et boissons alcoolisées

Les sucreries comme le chocolat et les bonbons mais aussi les limonades sont, avec les boissons alcoolisées, au sommet de la pyramide. Cela signifie sans équivoque : n'en consommez pas trop !

De vraies bombes caloriques

Sans grande activité corporelle, le besoin journalier en graisse se situe entre 60 et 80 g de graisse. Mais le citoyen normal en mange en moyenne

100 g par jour. Les graisses « cachées » en représentent déjà 50 %, ce qui veut dire qu'il y a largement la possibilité d'en éliminer de son alimentation mais il faut savoir où. Les graisses se cachent souvent dans des aliments que l'on croit anodins, qu'on avale debout, comme, par exemple, un petit chocolat, un biscuit, quelques chips ou des cacahuètes, ou la dernière tranche de fromage ou de jambon prise sur le pouce. Si vous vous habituez à refuser, vous éviterez un supplément insignifiant de 10 g de gras et donc de 90 kcal. Dans cet ouvrage, nous avons veillé à sélectionner des recettes ne faisant appel qu'à des ingrédients à faible teneur en graisse. En faisant vos courses, faites bien attention à la teneur en graisses de la viande et de la charcuterie, du lait et des produits laitiers, particulièrement du fromage. Les exemples du tableau suivant vous montrent la quantité de gras réduite si vous choisissez les bons aliments.

Aliments défavorables	Teneur en graisse en g	Aliments favorables	Teneur en graisse en g
100 g flanc de porc	40	100 g steak de porc	6
100 g cuisse d'oie	30	100 g blanc de dinde	1
50 g salami	25	50 g jambon cuit	7
½ l lait entier	18	½ l lait écréme, 1,5 % M.G.	8
50 g fromage, 50% M.G./M.S.	17	50 g fromage, 3,5 % M.G./M.S.	8
150 g anguille	42	150 g cabillaud	1
Somme :	172	Somme :	31

Sucreries en quantité modérée

Les citoyens des pays industrialisés mangent définitivement trop de sucreries et trouvent très difficile de renoncer à tout ce qui est sucré. Le changement des habitudes culinaires sera plus facile si vous renoncez tranche après tranche. Renoncez sciemment à toutes les gourmandises et limonades contenant du sucre. Privilégiez les fruits, buvez des jus de fruits dilués dans de l'eau, grignotez plutôt une biscotte de blé complet qu'une biscotte avec de la confiture. Avec le temps, les aliments très sucrés ne vont plus être à votre goût. Si vous aimez le café ou le thé sucré, vous pouvez prendre de l'édulcorant. De cette manière vous pouvez réduire la teneur en sucres de moitié de certains desserts en rajoutant de l'édulcorant. En petites quantités, vous pouvez toujours continuer de manger des sucreries sans avoir mauvaise conscience. Elles appartiennent simplement à notre quotidien.

Un verre d'alcool de temps en temps …

Même si on lit de temps en temps dans les revues que l'alcool est bon pour le cœur et baisse le taux de cholestérol LDL, il est à consommer avec modération. L'alcool a aussi un côté négatif. Il est riche en calories : 1 g d'alcool contient environ 7 calories (30 kj). Cela signifie qu'un verre (2 cl) d'eau-de-vie (38 % vol) fournit 43 calories. Le verre de bière ou de vin le soir fait grossir aussi. Même si on dit souvent que le vin rouge est bon pour les maladies cardiovasculaires, une consommation en grande quantité est plus nuisible qu'utile : une grande consommation de vin augmente le risque d'une cirrhose du foie (destruction des cellules). Croire qu'il suffit de boire un verre de vin par jour suffit pour se protéger d'un infarctus est faux mais il est souvent trop tard quand on s'en aperçoit. Si vous avez une alimentation variée, que vous pratiquez du sport, rien ne s'oppose à ce que vous buviez un verre de vin ou de bière de temps en temps.

Plusieurs conseils pratiques pour réduire la graisse et le cholestérol

En cuisinant, il est assez facile de réduire la graisse sans perdre le goût. Mais il faut être prêt à le faire. Voici quelques conseils :

- Mangez moins de produits animaux.
- En faisant les courses, faites attention aux graisses « cachées » (par ex. dans les sucreries, aliments à grignoter, plats préparés, gâteaux et biscuits, charcuterie, fromages).
- Utilisez des poêles, des casseroles et des moules revêtus. Il suffit en général de les badigeonner avec de l'huile.
- Les sacs de cuisson et les casseroles en argile sont parfaits pour la cuisine à l'étuvée sans trop de gras ou la cuisine en papillote des viandes et des légumes.
- Remplacez la crème et la crème fraîche par de la crème aigre et de la crème de soja maigre.
- Renoncez aux fritures et aliments panés.
- Cuisinez beaucoup dans un wok, c'est rapide et sain.
- Vos gratins seront plus pauvres en gras et cholestérol si vous remplacez le fromage par de la chapelure et des herbes.
- Utilisez toujours des produits laitiers écrémés : lait et yaourt à 1,5 % m. g, fromage blanc à 0 % M.G. et fromages avec moins de 45 % M.G. dans la matière sèche.
- Sur votre pain, remplacez charcuterie grasse par toutes sortes d'aspic, de corned-beef, de viande froide, de charcuterie de volaille, de jambon. N'oubliez pas d'ôter la couenne du jambon.
- Utilisez parcimonieusement le jaune d'œuf ou même renoncez-y en n'utilisant que le blanc.
- Mangez tous les jours 5 portions de fruits et légumes, crus ou étuvés. Ainsi, vous n'avez pas seulement des vitamines et des minéraux en masse mais vous augmentez aussi le pourcentage d'aliments maigres de votre menu. Si chaque repas contient des fruits et légumes, ils deviendront plus maigres et plus sains.

Petit-déjeuner

Pains bis aux pommes

Pour 4 personnes

4 grandes tranches
de pain bis

20 g de margarine

2 pommes

1 c.s. de noisettes hachées

1 c.s. d'amandes hachées

Temps de préparation : 5 minutes
Par portion : 210 kcal/880 kJ
P : 4 g, L : 8 g, G : 31 g, 0 mg chol.

1 Commencer par tartiner les tranches de pain de margarine.

2 Laver les pommes, les épépiner et les couper en fines lamelles avant de les disposer sur les tranches de pain.

3 Griller les amandes et les noisettes hachées et les parsemer sur le pain.

Croissants aux bananes

1 Couper les croissants en deux dans le sens de la longueur et les tartiner de fromage frais.

2 Peler et trancher les bananes et les disposer sur le fromage.

3 Parsemer les amandes grillées et refermer les croissants.

Pour 4 personnes

4 croissants au lait, 2 bananes
100 g de fromage frais double crème
1 c.s. d'amandes grillées

Temps de préparation : 5 minutes
Par portion : 260 kcal / 1090 kJ
P : 8 g, L : 11 g, G : 33 g, 28 mg chol.

Toasts au fromage blanc
et à la confiture

1 Griller le pain de mie et le tartiner de margarine.

2 Étaler le fromage blanc sur le pain et ajouter la confiture.

Pour 4 personnes

4 tranches de pain de mie
20 g de margarine
8 c.s. de fromage blanc à 0 % M.G.
4 c.s. confiture de fraises

Temps de préparation : 5 minutes
Par portion : 150 kcal / 630 kJ
P : 6 g, L : 5 g, G : 22 g, 0 mg chol.

Bagels au saumon

Pour 4 personnes

4 bagels au sésame
1 bouquet d'aneth
100 g de fromage blanc double crème
1 petit oignon
8 tranches de saumon fumé

Temps de préparation : 15 minutes
Par portion : 660 kcal / 1500 kJ
P : 23 g, L : 16 g, G : 31 g, 56 mg chol.

1 Couper les bagels en deux et les faire dorer au grille-pain. Laisser refroidir.

2 Laver l'aneth, le sécher et le hacher finement. Le mélanger avec le fromage frais. Éplucher l'oignon et le couper en rondelles.

3 Tartiner un côté du bagel avec le fromage frais et y ajouter 2 tranches de saumon. Disposer les rondelles d'oignon sur le saumon. Refermer le bagel avec l'autre moitié.

Petit-déjeuner estival
aux fraises

1 Faire fondre la margarine dans une poêle, ajouter les flocons d'avoine et le sucre et faire griller tout en remuant jusqu'à l'obtention d'une couleur dorée. Réserver et laisser refroidir.

2 Rincer les fraises, enlever les pédoncules et les couper en quatre.

3 Mélanger les flocons d'avoine au fromage, servir dans un bol et ajouter les fraises.

CONSEIL : Vous pouvez évidemment préparer cette recette même si vous n'avez pas de fraises fraîches. Utilisez alors des fruits surgelés que vous laissez décongeler au préalable. De plus, les fraises sont pauvres en calories et donc idéales pour le grignotage. 100 g contiennent seulement 36 calories (150 kJ).

Pour 1 personne

1 c.s. de margarine
2 c.s. de flocons d'avoine (20 g)
1 c.s. de sucre
100 g de fraises
100 g de cottage maigre

Temps de préparation : 15 minutes
Par portion : 300 kcal / 1170 kJ
P : 17 g, L : 11 g, G : 31 g, 5 mg chol.

Muesli
Mélange de base

Pour 8 personnes

200 g de flocons d'avoine
200 g de flocons de blé
60 g de noisettes hachées
75 g de graines de lin
75 g de graines de sésame
2 c.s. de graines de tournesol
100 g de raisins secs

Temps de préparation : 10 minutes
Par portion : 360 kcal/1530 kJ
P : 12 g, L : 16 g, G : 41 g, 0 mg chol.

1 Peser tous les ingrédients et les mettre dans un bol.

2 Bien mélanger les ingrédients et les ranger dans une boîte ou un bocal en verre d'environ 1l doté d'un bouchon à vis. Conserver au frais et au sec.

Muesli
du petit matin

Pour 1 personne

1 petite pomme
1 c.s. de jus de citron
3 c.s. de flocons d'avoine (30 g)
1 c.c. de miel
250 ml de kéfir (à 0,1 % M.G.)
½ orange

Temps de préparation : 5 minutes
Par portion : 360 kcal/1530 kJ
P : 14 g, L : 3 g, G : 63 g, 0 mg chol.

1 Laver la pomme, l'épépiner et la râper sans l'éplucher. La mettre dans un bol et asperger tout de suite de jus de citron.

2 Ajouter les flocons d'avoine et le miel. Mélanger le tout. Ajouter le kéfir.

3 Éplucher l'orange, la couper en tranches et déposer sur le muesli.

Salade de fruits au potiron

Pour 4 personnes

300 g de potiron
3 figues fraîches
200 g de raisins blancs
½ mangue
1 orange
Jus d'1 citron
2 c.s. de miel
2 c.s. d'amandes hachées

Temps de préparation : 20 minutes
(Temps de macération en sus)
Par portion : 180 kcal / 760 kJ
P : 4 g, L : 5 g, G : 27 g, 0 mg chol.

1 Éplucher le potiron, enlever les graines et le couper en dés. Faire blanchir pendant 3 minutes dans de l'eau bouillante. Laver les figues et les couper en fines lamelles. Laver les raisins, les sécher puis les couper en deux. Éplucher la mangue et couper la chair en petits dés. Éplucher l'orange et la fileter.

2 Mettre dans un grand bol les dés de potiron et de fruits. Mélanger le jus de citron et le miel et verser sur les fruits. Bien mélanger le tout et laisser macérer pendant 30 minutes environ. Hacher les amandes et les parsemer sur la salade.

Toasts
au blanc de dinde

1 Tartiner le pain de mie grillé de margarine. Laver et épépiner la pomme puis la
couper en fines lamelles et les disposer sur
une tranche de toast.

2 Mettre la deuxième tranche de toast avec
le côté graissé sur la pomme. Tartiner
le deuxième côté et déposer les tranches de
dinde.

3 Surmonter le tout avec la 3e tranche de
toast. Couper deux triangles et décorer
chacun avec une demi-rondelle d'ananas.

Pour 1 personne

3 tranches de pain de mie
complet

10 g de margarine

½ pomme

30 g de blanc de dinde fumé

1 rondelle d'ananas

Temps de préparation : 5 minutes
Par portion : 290 kcal / 1220 kJ
P : 13 g, L : 11 g, G : 35 g, 21 mg chol.

Shake
aux fraises et melon

Pour 4 personnes

1 kg de melon cantaloup
160 g de fraises
4 tiges de menthe
500 g de yaourt nature
(à 1,5 % M.G.)
4 c.s. de miel

Temps de préparation : 15 minutes
Par portion : 170 kcal / 700 kJ
P : 7 g, L : 2 g, G : 28 g, 6 mg chol.

1 Éplucher le melon et enlever les pépins avec une cuillère. Couper la chair en dés.

2 Rincer les fraises et enlever les pédoncules. Laisser égoutter. Couper les fraises en deux. Laver la menthe et secouer pour sécher. Détacher quelques feuilles de menthe.

3 Couper le melon et le mettre dans le mixeur avec les fraises (garder quelques morceaux pour la décoration) et fouetter le tout. Ajouter le yaourt et le miel et bien mélanger le tout.

4 Servir le shake dans un grand verre et garnir avec de petites brochettes de fraises, de melon et de menthe. Ajouter des glaçons à volonté.

Shake aux framboises
et bananes

Pour 4 personnes

750 g de framboises
2 bananes
500 g de yaourt nature
(à 1,5 % M.G.)
1 c.s. miel

Temps de préparation : 10 minutes
Par portion : 190 kcal/780 kJ
P : 7 g, L : 3 g, G : 29 g, 6 mg chol.

1 Laver les framboises et laisser égoutter.

2 Peler les bananes et les couper en rondelles. Réserver 4 framboises et 4 morceaux de banane.

3 Mettre le reste des framboises et des bananes dans un mixeur et en faire une purée. Ajouter le yaourt et le miel et battre de nouveau le tout. Servir dans un verre avec de la glace pilée à volonté.

4 Décorer chaque verre avec une brochette composée d'une framboise et d'une rondelle de banane avant de servir.

CONSEIL : Vous pouvez remplacer les framboises par des cerises. Laver alors et dénoyauter les cerises avant de les mettre dans le mixeur avec les bananes.

Au bureau

Sandwichs au rosbif

Pour 4 personnes

2 c.s. de mayonnaise
100 g de yaourt (à 1,5 % M.G.)
Sel
Un peu de raifort râpé
½ trévise
8 cornichons
8 tranches de pain de mie
150 g de rosbif en fines
tranches

Temps de préparation : 15 minutes
Par portion : 230 kcal/970 kJ
P : 16 g, L : 9 g, G : 21 g, 40 mg chol.

1 Mélanger soigneusement la mayonnaise avec le yaourt. Saler. Incorporer le raifort.

2 Laver les feuilles de trévise et les secouer pour sécher. Couper les cornichons en fines rondelles.

3 Garnir 4 tranches de pain de mie avec les feuilles de salade, les cornichons et tartiner de raifort. Mettre le rosbif et refermer ces sandwichs avec les toasts restants.

Crudités
aux trois sauces

1 Mélanger le fromage blanc avec la mayonnaise, le zeste de citron et le jus de citron pour obtenir une sauce. Saler et poivrer.

2 Diviser la sauce en 3 portions égales. Servir la première nature, la seconde avec du concentré de tomates, du ketchup et du paprika.

3 Pour la troisième, laver, sécher, hacher le persil et le basilic et les incorporer avec le lait à la sauce.

4 Laver et détailler les carottes et le concombre en bâtonnets. Servir les crudités avec les sauces.

Pour 4 personnes

250 g de fromage blanc à 0 % M.G.

2 c.s. de mayonnaise à salade

1 c.c. de zeste râpé d'1 citron non traité

1 c.c. de jus de citron

Sel, poivre

1 c.c. de concentré de tomates

1 c.s. de ketchup

1 c.c. de paprika en poudre doux

½ botte de persil

½ botte de basilic

3 c.s. de lait (à 1,5 % M.G.)

250 g de carottes

½ concombre

½ botte de radis

Temps de préparation : 20 minutes
Par portion : 110 kcal / 470 kJ
P : 10 g, L : 3 g, G : 10 g, 3 mg chol.

Boulettes de boulgour
aux aubergines

Pour 4 personnes

250 g de boulgour
(blé concassé)
2 aubergines de taille moyenne
2 gousses d'ail
1 poivron rouge
1 c.c. de fécule
1 gros oignon
½ c.c. de piment en poudre
½ c.c. de coriandre en poudre
Sel
4 c.s. d'huile de tournesol
1 bouquet de persil

Temps de préparation : 20 minutes
(Temps pour tremper et griller en sus)
Par portion : 330 kcal / 1400 kJ
P : 9 g, L : 11 g, G : 50 g, 0 mg chol.

1 Mettre le boulgour dans un bol et le couvrir d'eau. Laisser tremper pendant 20 minutes.

2 Pendant ce temps, laver les aubergines et les couper, éplucher l'ail et l'émincer. Couper le poivron rouge en deux, couper la queue et enlever les graines.

3 Égoutter le boulgour dans une passoire fine et le mettre dans un bol. Mouliner les légumes et les ajouter au boulgour.

4 Délayer la fécule avec un peu d'eau et ajouter au mélange. Éplucher l'oignon, le hacher et l'ajouter avec les épices au mélange.

5 Bien travailler la masse avec les mains, en faire des boulettes puis les aplatir pour la cuisson.

6 Faire chauffer l'huile dans une poêle et y faire dorer les boulettes à feu modéré. Bien égoutter l'huile en mettant les boulettes sur du papier absorbant. Servir les boulettes chaudes parsemées de persil haché.

Crostinis aux courgettes
et raisins secs

Pour 4 personnes

400 g de courgettes

1 grosse gousse d'ail

4 c.s. d'huile d'olive

50 g de raisins secs

50 g de pignons

3 filets d'anchois marinés au sel

Sel

Poivre

3 c.s. de feuilles de menthe

2 c.s. de jus de citron

½ baguette

Temps de préparation : 15 minutes
(Temps de réfrigération en sus)
Par portion : 300 kcal / 1260 kJ
P : 8 g, L : 17 g, G : 28 g, 0 mg chol.

1 Laver les courgettes et les trancher. Éplucher l'ail, le presser, le faire dorer dans de l'huile et le mettre dans une petite assiette. Faire revenir les courgettes jusqu'à ce qu'elles cuites à point. Les enlever et les égoutter tout de suite.

2 Mettre les courgettes dans un bol avec les raisins secs, les pignons, les filets d'anchois rincés, le sel et le poivre et bien mélanger le tout.

3 Laver la menthe, secouer pour sécher puis hacher finement. Ajouter au mélange et arroser de jus de citron. Couvrir le bol et mettre au réfrigérateur pour au moins 4 heures.

4 Répartir la salade sur de petites tranches de pain avant de servir.

Salade de haricots
au cumin

1 Verser les haricots et les pois chiches dans une passoire, rincer et laisser égoutter.

2 Mettre dans un mixeur le vinaigre balsamique, les poivrons rouges, le cumin et le sel. Éplucher l'ail, le couper et l'ajouter dans le mixeur. Passer les ingrédients au mixeur en ajoutant au fur et à mesure l'huile sans éteindre la machine jusqu'à obtention d'une sauce onctueuse.

3 Servir les haricots dans un saladier et napper de sauce. Laver et couper les ciboules en dés et en garnir la salade.

Pour 4 personnes

Resp. 150 g de haricots noirs, de pois chiches et de haricots pinto (en conserve)
8 c.s. de vinaigre balsamique
3 poivrons rouges marinés
1 c.s. de cumin moulu
1 c.c. de sel
2 gousses d'ail
100 ml d'huile d'olive
½ botte de ciboules

Temps de préparation : 15 minutes
Par portion : 330 kcal / 1390 kJ
P : 8 g, L : 26 g, G : 15 g, 0 mg chol.

Couscous aux amandes

Pour 4 personnes

250 g de couscous

3 citrons

100 g de raisins secs

125 ml de jus de pomme

600 g de tomates

50 g d'amandes effilées

150 ml de jus de tomate

1 c.s. d'huile d'olive

Cannelle

Noix muscade fraîchement râpée

Sel

Poivre

2 tiges de menthe fraîche

Temps de préparation : 15 minutes
(Temps de cuisson
et de réfrigération en sus)
Par portion : 450 kcal / 1870 kJ
P : 11 g, L : 11 g, G : 72 g, 0 mg chol.

1 Faire cuire le couscous selon les instructions figurant sur l'emballage et laisser refroidir. Presser 2 citrons et verser le jus sur le couscous en mélangeant bien.

2 Laisser tremper dans un petit bol les raisins secs dans le jus de pomme. Équeuter les tomates et les inciser en croix. Les plonger brièvement dans de l'eau bouillante. Les peler et les concasser.

3 Faire griller à sec les amandes dans une poêle. Mélanger les tomates concassées, le jus de tomates avec l'huile, les raisins secs et les amandes grillées. Verser le tout sur le couscous et bien mélanger.

4 Épicer le couscous avec un peu de cannelle, de noix muscade fraîchement râpée, saler et poivrer. Laver la menthe et secouer pour sécher, détacher les feuilles et les ciseler finement (ne pas les hacher). Ajouter à la salade et remuer encore une fois.

5 Rincer le reste des citrons à l'eau chaude, les éponger et les couper en très fines rondelles pour décorer le couscous. Laisser macérer environ 30 minutes avant de servir.

Salade de tortellinis
à l'ananas

Pour 4 personnes

250 g de tortellinis

Sel

150 g de petits pois surgelés

200 g d'ananas non sucré (en conserve)

200 g de champignons de Paris (en conserve)

150 g de maïs (en conserve)

Resp. ½ poivron rouge et vert

1 échalote

2 à 3 c.s. de vinaigre aux herbes

4 c.s. d'huile de tournesol

Poivre

1 c.s. d'herbes à salade (prod. surgelé)

Persil pour la décoration

Temps de préparation : 20 minutes
Par portion : 420 kcal / 1780 kJ
P : 13 g, L : 14 g, G : 60 g, 60 mg chol.

1 Cuire les tortellinis *al dente* dans de l'eau bouillante salée selon les instructions figurant sur l'emballage. Égoutter et passer sous l'eau froide. Faire cuire les petits pois surgelés selon les instructions figurant sur l'emballage, rincer, égoutter et laisser refroidir.

2 Couper les ananas en petits morceaux et les champignons en fines lamelles. Rincer le maïs à l'eau froide et laisser égoutter. Nettoyer, laver et épépiner les poivrons ; tailler quelques lanières, les réserver pour la décoration puis couper le reste des poivrons en dés. Éplucher les échalotes et les couper en rondelles.

3 Mélanger tous les ingrédients. Préparer une vinaigrette avec le vinaigre, l'huile, le sel, le poivre et les herbes. Verser la sauce sur les tortellinis, mélanger le tout et laisser macérer.

4 Servir la salade en la garnissant de lanières de poivron et de persil.

Salade de pennes
avec dressing au kéfir

Pour 4 personnes

350 g de pennes
Sel
2 gousses d'ail
250 g de salade romaine
100 g de gorgonzola
3 c.s. d'huile de noix
40 g de noix de pécan hachées
8 c.s. de kéfir (à 0,1 % M.G.)
Poivre
½ c.c. de piment en poudre

Temps de préparation : 25 minutes
Par portion : 570 kcal / 2410 kJ
P : 19 g, L : 24 g, G : 68 g, 26 mg chol.

1 Faire cuire les pâtes dans une grande quantité d'eau bouillante salée selon les instructions figurant sur l'emballage. Éplucher l'ail et le hacher finement.

2 Laver la salade, la sécher et la couper en lanières. Couper le gorgonzola en dés.

3 Chauffer l'huile dans une poêle et y faire revenir l'ail. Ajouter la salade et le fromage et laisser reposer pendant 3 minutes.

4 Mélanger les noix et le kéfir. Assaisonner de sel, de poivre et de piment en poudre.

5 Égoutter les pennes, les passer sous l'eau froide et les verser dans une passoire. Verser les pâtes et les ingrédients de la poêle dans un saladier, mélanger le tout avant de servir.

Salade printanière **de pâtes**

1 Mettre 3 l d'eau à bouillir. Laver les asperges, couper les extrémités dures, éplucher, couper en tronçons de 2 cm de longueur et faire cuire 8 minutes. Sortir de l'eau avec une écumoire et passer sous l'eau froide puis laisser égoutter.

2 Cuire les pâtes dans l'eau de cuisson des asperges selon les instructions figurant sur l'emballage. Verser dans une passoire, passer sous l'eau froide et laisser refroidir.

3 Laver les radis et les couper en fines lamelles. Laver et couper la ciboulette en petits tronçons. Nettoyer, laver les ciboules et les couper en petites rondelles. Détailler le blanc de dinde en lanières.

4 Dans un saladier, mélanger le jus de citron, le vinaigre et la crème épaisse. Saler et poivrer. Verser tous les ingrédients dans la sauce, bien mêler avant de servir.

Pour 4 personnes

Sel
250 g d'asperges
200 g de tagliatelles aux épinards
1 botte de radis
1 bouquet de ciboulette
2 ciboules
100 g de blanc de dinde fumé
1 c.s. de jus de citron
1 c.s. de vinaigre de vin
2 c.s. de crème épaisse
Poivre

Temps de préparation : 30 minutes
(Temps de refroidissement en sus)
Par portion : 240 kcal / 1020 kJ
P : 15 g, L : 2 g, G : 40 g, 21 mg chol.

Salade d'oranges
et sauce à la cannelle

Pour 4 personnes

2 oranges

500 g de carottes

1 c.s. de sucre

½ c.c. de cannelle

½ c.c. d'eau de fleurs
d'oranger

2 c.s. d'huile d'olive

Sel

Feuilles de menthe
pour la décoration

Temps de préparation : 20 minutes
(Temps de macération en sus)
Par portion : 120 kcal/500 kJ
P : 2 g, L : 5 g, G : 15 g, 0 mg chol.

1 Peler une orange et la couper en dés, presser l'autre orange. Nettoyer et laver les carottes puis les éplucher et les râper.

2 Mélanger les dés d'orange, le jus d'orange, les carottes, le sucre, la cannelle, l'eau de fleurs d'oranger et l'huile d'olive. Saler. Mettre au réfrigérateur et laisser macérer pendant 1 heure environ.

3 Servir la salade dans des assiettes garnies de feuilles de menthe.

Assiette de légumes

1 Laver les carottes avec les fanes, les éplucher et raccourcir les fanes à 2 à 3 cm. Nettoyer le piment, le laver et le couper en deux. L'équeuter, enlever les graines et couper en très petits dés. Laver les oranges à l'eau chaude, prélever et râper le zeste d'une demi-orange et presser les oranges.

2 Chauffer l'huile d'olive et y faire revenir les carottes et les dés de piment. Ajouter le jus et le zeste d'orange, arroser de vinaigre et porter à ébullition. Puis couvrir et laisser mijoter les carottes à feu très doux pendant 9 minutes.

3 Nettoyer le céleri, le laver et le couper en fines tranches. Laver la menthe, secouer pour sécher et hacher grossièrement. Mélanger la menthe aux amandes, aux raisins secs et au céleri. Ajouter ce mélange aux carottes et mêler le tout. Rectifier l'assaisonnement et asperger de jus de citron avant de servir.

Pour 4 personnes

700 g de petites carottes avec les fanes

1 piment rouge

2 oranges non traitées

3 c.s. d'huile d'olive

2 c.s. de vinaigre balsamique

1 branche de céleri en branches

½ bouquet de tiges de menthe

2 c.s. d'amandes effilées

40 g de raisins secs de Corinthe

Sel

Jus d'½ citron

Temps de préparation : 20 minutes
(Temps de cuisson en sus)
Par portion : 220 kcal / 900 kJ
P : 4 g, L : 11 g, G : 24 g, 0 mg chol.

Salade de spaghettis
au céleri en branches

Pour 4 personnes

250 g de spaghettis

Sel

100 g de tomates-cerises

1 poivron jaune

150 g d'emmental

4 branches de céleris
en branches

40 g de mélange d'herbes
italiennes (prod. surgelé)

4 c.s. d'huile d'olive

4 c.s. de vinaigre de pomme

Poivre

Paprika en poudre

Temps de préparation : 35 minutes
Par portion : 490 kcal / 2050 kJ
P : 20 g, L : 22 g, G : 51 g, 34 mg chol.

1 Cuire les pâtes *al dente* dans de l'eau bouillante légèrement salée selon les instructions figurant sur l'emballage.

2 Laver les tomates, les couper en deux puis en petits quartiers. Couper les poivrons en deux dans le sens de la longueur, les nettoyer, épépiner et couper en fines lanières. Détailler également le fromage en lanières.

3 À la fin du temps de cuisson des pâtes, les verser dans une passoire et les passer sous l'eau froide. Les égoutter et les laisser refroidir. Nettoyer, laver le céleri et le couper en petits morceaux.

4 Mélanger dans un saladier les pâtes et les légumes. Mélanger les herbes décongelées, l'huile et le vinaigre. Assaisonner de sel, poivre et paprika.

5 Verser la sauce sur les ingrédients de la salade, mélanger le tout et laisser reposer pendant 10 minutes. Disposer la salade dans des assiettes avant de servir.

Salade de pommes de terre aux pois gourmands

Pour 4 personnes

500 g de pommes de terre
Sel
1 botte de ciboules
200 g de pois gourmands
1 poivron vert
3 c.s. de vinaigre de vin blanc
Poivre
4 c.s. d'huile de pépins de raisins
1 botte de cerfeuil

Temps de préparation : 50 minutes
(Temps de macération en sus)
Par portion : 230 kcal / 960 kJ
P : 6 g, L : 10 g, G : 27 g, 0 mg chol.

1 Laver les pommes de terre et les faire cuire en robe des champs pendant 20 minutes dans de l'eau salée. Égoutter, passer sous l'eau froide et laisser refroidir.

2 Nettoyer les ciboules, les laver et les couper en rondelles. Nettoyer les pois gourmands et faire blanchir pendant 2 minutes dans de l'eau bouillante salée. Bien égoutter après avoir rincé à l'eau froide.

3 Nettoyer les poivrons, les couper en deux, épépiner et tailler en fines lanières. Éplucher les pommes de terre et les couper.

4 Saler et poivrer le vinaigre, ajouter l'huile peu à peu. Effeuiller le cerfeuil.

5 Mélanger les pommes de terre aux oignons, aux pois, aux poivrons et au cerfeuil. Asperger de sauce et laisser macérer pendant environ 30 minutes.

Salade de riz sauvage
aux abricots

Pour 2 personnes

80 g de mélange
de riz sauvage

½ pomme de taille moyenne

½ poivron vert

4 branches de céleri

50 g d'abricots secs

2 c.s. de sauce de soja

2 c.c. sucre

2 c.s. d'huile de colza

2 c.c. de vinaigre de fruits

25 g de cacahuètes grillées
non salées

Temps de préparation : 35 minutes
Par portion : 440 kcal / 1850 kJ
P : 10 g, L : 17 g, G : 58 g, 0 mg chol.

1 Cuire le riz selon les instructions figurant sur l'emballage. Laisser refroidir pendant 10 minutes dans une grande assiette tout en remuant de temps en temps.

2 Entre temps, laver er râper la pomme. Laver puis couper en dés le poivron et le céleri.

3 Couper également les abricots en dés. Mettre dans un saladier tous les fruits.

4 Pour la sauce : mélanger dans un bol la sauce de soja, le sucre, l'huile de colza et le vinaigre. Ajouter 2 c.s. d'huile et mélanger jusqu'à dissolution du sucre.

5 Mélanger le riz, la sauce et les fruits. Éparpiller les cacahuètes.

Salade de chou blanc
aux nectarines

1 Laver le chou blanc, le sécher et le nettoyer. Puis le couper en fines lamelles ou le râper. Peler, dénoyauter et couper la nectarine ou la pêche en quartiers. Éplucher l'oignon et le hacher finement.

2 Mettre dans un saladier le chou, la nectarine et l'oignon. Bien mélanger le tout.

3 Faire une vinaigrette avec l'huile d'olive, le persil et le vinaigre. Assaisonner de sucre et de poivre. Verser sur la salade de chou, bien mêler et mettre au réfrigérateur pour au moins 2 heures.

Pour 4 personnes

¼ de chou blanc (300 g)

1 nectarine ou 1 pêche

½ oignon rouge

3 c.s. d'huile d'olive

2 c.s. de persil fraîchement ciselé

1 c.s. de vinaigre de fruits

1 ½ c.c. de sucre

1 pincée de poivre

Temps de préparation : 20 minutes
(Temps de réfrigération en sus)
Par portion : 120 kcal / 500 kJ
P : 1 g, L : 8 g, G : 10 g, 0 mg chol.

Brochettes de volaille

Pour 4 personnes

800 g de blancs de dinde

Resp. 1 c.s. de coriandre, de cumin, de graines de cumin noir et de pavot

Resp. 1 c.s. de piment, paprika, moutarde et mangue en poudre

1 c.s. de garam masala

1 c.s. de gingembre frais râpé

2 c.s. de farine de pois chiches

5 échalotes, 2 piments verts

2 c.s. de jus de citron

1 œuf, sel

1 bouquet de coriandre

3 c.s. d'huile de tournesol

Temps de préparation : 40 minutes
(Temps de macération et de cuisson en sus)
Par portion : 340 kcal / 1410 kJ
P : 5 g, L : 12 g, G : 52 g, 180 mg chol.

1 Laver la viande, éponger avec du papier absorbant, la couper et la passer au hachoir à viande avec la grille moyenne. Faire griller les graines et les épices, laisser refroidir puis les moudre. Les saupoudrer sur la viande et bien mélanger en ajoutant le gingembre et la farine de pois chiches.

2 Éplucher les échalotes et les couper en dés. Laver les piments, les couper en deux dans le sens de la longueur, enlever les graines et les couper en petits morceaux. Ajouter à la viande avec du jus de citron et mettre au réfrigérateur pendant 30 minutes environ.

3 Battre l'œuf dans un bol. Laver et sécher les feuilles de coriandre, les hacher puis les ajouter à l'œuf avec du sel. Mélanger l'œuf avec la préparation à la viande de volaille.

4 Former avec la viande une vingtaine de rouleaux et les embrocher sur des piques en bois. Faire chauffer l'huile et y faire revenir les brochettes pendant 10 minutes environ.

Keftas au boulgour

1 Laver le boulgour puis laisser tremper pendant 3 heures environ. Éplucher l'oignon et le hacher finement. Éplucher l'ail et le presser.

2 Mettre dans un bol l'ail, l'oignon, le bouillon, le concentré de poivrons et le paprika puis mélanger et pétrir légèrement.

3 Ajouter la viande hachée et pétrir le tout jusqu'à obtention d'une pâte homogène.

4 Laver le persil, le secouer pour le sécher, le hacher et l'incorporer à la viande. Former des boulettes et les faire revenir dans une poêle avec de l'huile chaude. Saupoudrer de piment et servir les keftas dans une assiette garnie de salade.

Pour 4 personnes

350 g de boulgour (blé concassé)

1 gros oignon, 3 gousses d'ail

1 c.c. de bouillon de légumes en poudre

1 c.s. de concentré de poivrons

1 à 2 c.s. de paprika en poudre

350 g de bœuf haché

1 bouquet de persil plat

4 c.s. d'huile d'olive

Flocons de piment pour saupoudrer

Salade à volonté pour la décoration

Temps de préparation : 5 minutes
(Temps de trempage en sus)
Par portion : 560 kcal / 2350 kJ
P : 26 g, L : 23 g, G : 62 g, 51 mg chol.

Chou-fleur épicé

Pour 4 personnes

1 gros chou-fleur

Sel

Resp. 1 poivron rouge,
vert et jaune

4 échalotes

4 gousses d'ail

1 c.s. de gingembre
fraîchement râpé

2 c.s. de garam masala

4 c.s. de concentré de tomates

1 c.s. de piment en poudre

4 c.s. d'huile d'olive

150 g de yaourt nature
(à 1,5 % M.G.)

6 c.s. de pignons

Cerfeuil pour la décoration

Temps de préparation : 25 minutes
(Temps de cuisson en sus)
Par portion : 300 kcal / 1250 kJ
P : 13 g, L : 19 g, G : 17 g, 0 mg chol.

1 Nettoyer et laver le chou-fleur. Détacher les bouquets et faire blanchir dans de l'eau salée pendant 5 minutes. Égoutter.

2 Nettoyer les poivrons, les laver, les épépiner puis les couper en dés. Éplucher l'ail et l'oignon puis les hacher finement. Mélanger le tout en ajoutant les épices et le concentré de tomates.

3 Faire chauffer l'huile et faire revenir le mélange pendant environ 6 minutes. Puis ajouter le chou-fleur et laisser mijoter pendant 3 minutes. Incorporer le yaourt.

4 Faire griller à sec les pignons dans une poêle et les parsemer sur le chou-fleur. Garnir de cerfeuil avant de servir.

Chutney de mangues
fraîches

1 Laver les mangues, les éplucher, les couper en deux et enlever le noyau afin de couper la chair en dés. Laver les piments, les couper dans le sens de la longueur, épépiner et couper en lanières.

2 Hâcher grossièrement les noix de cajou. Laver la coriandre et la menthe, les secouer pour sécher et hacher les feuilles.

3 Mettre dans un récipient les mangues, le piment, les noix de cajou et les épices. Mixer le tout. Assaisonner de sel, de poivre et de curry. Servir le chutney comme accompagnement de plats de viande ou de légumes ou encore comme sauce pour tremper des crudités.

Pour 8 personnes

2 mangues
1 piment rouge
80 g de noix de cajou
½ bouquet de coriandre
½ bouquet de menthe
½ c.c. de curcuma en poudre
½ c.c. de coriandre en poudre
Sel, poivre
Curry en poudre

Temps de préparation : 25 minutes
Par portion : 90 kcal / 380 kJ
P : 2 g, L : 5 g, G : 10 g, 0 mg chol.

Nouilles de riz
aux pleurotes

Pour 4 personnes

200 g de nouilles de riz

Resp. 1 poivron rouge et jaune

3 piments

300 g de pleurotes

3 gousses d'ail

1 morceau de gingembre frais
(2 cm)

2 c.s. d'huile de sésame

2 c.s. d'huile de colza

Sel, poivre

Moutarde en poudre

1 c.s. de sauce aux piments

125 ml de fond
de champignons

Temps de préparation : 25 minutes
Par portion : 370 kcal / 1550 kJ
P : 12 g, L : 11 g, G : 54 g, 0 mg chol

1 Tremper les nouilles dans de l'eau chaude pour qu'elles ramollissent. Bien égoutter et couper en morceaux de 3 à 4 cm de longueur.

2 Couper les poivrons et les piments en deux, les épépiner, les laver et les couper en dés. Nettoyer et laver les pleurotes puis les couper en petits morceaux. Éplucher l'ail, le gingembre et les hacher finement.

3 Dans un wok, faire chauffer les 2 huiles et y faire revenir les légumes par portion pendant environ 3 à 4 minutes sans cesser de remuer. Incorporer les nouilles et laisser cuire 1 minute tout en remuant.

4 Assaisonner le tout avec les épices. Mouiller avec la sauce aux piments et le fond de champignons. Laisser mijoter le tout pendant 4 à 5 minutes. Disposer les nouilles avec les légumes avant de servir.

Vermicelles de riz
à la coriandre

1 Cuire les vermicelles de riz selon les instructions figurant sur l'emballage, rincer à l'eau froide et laisser égoutter dans une passoire.

2 Nettoyer et laver les poivrons, enlever les graines blanches et couper en dés. Hacher la coriandre.

3 Faire chauffer l'huile dans le wok et y faire sauter rapidement à feu vif les poivrons et la coriandre. Ne pas laisser cuire longtemps car les poivrons doivent rester croquants.

4 Ajouter les vermicelles, le nuoc mam, le miel et arroser le tout de vinaigre de riz. Faire sauter brièvement dans le wok.

Pour 4 personnes

250 g de vermicelles de riz

Resp. 2 poivrons rouges et jaunes

20 feuilles de coriandre

4 c.s. d'huile d'olive

4 c.s. de nuoc mam

2 c.s. de miel

2 c.s. de vinaigre de riz blanc

Temps de préparation : 25 minutes
Par portion : 390 kcal / 1650 kJ
P : 10 g, L : 11 g, G : 61 g, 0 mg chol

Haricots verts au riz

Pour 4 personnes

500 g de haricots verts
2 oignons
200 g de riz
4 c.s. d'huile d'olive
Sel
Paprika en poudre

Temps de préparation : 20 minutes
(Temps de cuisson en sus)
Par portion : 300 kcal / 1260 kJ
P : 6 g, L : 12 g, G : 50 g, 4 mg chol.

1 Équeuter, laver et couper les haricots verts ; les mettre dans une casserole.

2 Éplucher les oignons et les couper en petits dés. Laver le riz et laisser égoutter. Adjoindre les oignons et le riz aux haricots.

3 Verser dans la casserole 2 c.s. d'huile et 200 ml d'eau et faire cuire le tout à feu doux. Saler après 5 minutes de cuisson.

4 Faire chauffer le reste de l'huile dans une autre casserole, ajouter la poudre de paprika en tournant. Mettre le riz et les haricots dans un saladier et arroser d'huile au paprika. Ce plat se mange chaud ou froid.

Risotto persillé
aux asperges

1 Laver les asperges, les éplucher et couper les bouts. Faire cuire les bouts et les épluchures dans 1,5 l d'eau bouillante salée avec 1 c.s. d'huile et 1 c.c. de sucre. Laisser macérer dans le jus de cuisson pendant 30 minutes. Sortir de la casserole avec une écumoire pour conserver l'eau de cuisson. Prendre 650 ml d'eau de cuisson pour y faire cuire les asperges après les avoir coupées en morceaux de 4 cm de longueur.

2 Éplucher les échalotes, les hacher finement puis les faire revenir dans le reste de l'huile. Ajouter le riz, le laurier et faire revenir le tout en remuant. Mouiller avec le vin blanc et 200 ml d'eau de cuisson des asperges et continuer de remuer jusqu'à ce que le riz ait absorbé tout le liquide. Ajouter progressivement le reste de l'eau. Après 10 minutes de cuisson, ajouter les asperges et les petits pois dégelés.

3 Quand tout le liquide est utilisé, incorporer les herbes au risotto. Saler, poivrer et saupoudrer de parmesan râpé.

Pour 4 personnes

1 kg d'asperges blanches

Sel

4 c.s. d'huile d'olive

1 c.c. de sucre

2 échalotes

200 g de riz arborio pour risotto

1 feuille de laurier

50 ml de vin blanc

100 g de petits pois surgelés

2 c.s. de persil fraîchement ciselé

2 c.s. de cerfeuil fraîchement ciselé

20 g de parmesan fraîchement râpé

Temps de préparation : 30 minutes
(Temps de cuisson en sus)
Par portion : 370 kcal / 1540 kJ
P : 12 g, L : 12 g, G : 50 g, 4 mg chol.

Tortellinis aux brocolis

Pour 4 personnes

500 g de brocolis

Sel

250 g de tortellinis

2 c.s. d'huile d'olive

1 c.s. de farine

250 ml de lait (à 1,5 % M.G.)

1 pincée de noix muscade

1 pincée de sucre

20 g d'amandes effilées

Temps de préparation : 10 minutes
(Temps de cuisson en sus)
Par portion : 360 kcal / 1510 kJ
P : 14 g, L : 12 g, G : 48 g, 100 mg chol.

1 Laver le brocoli, le nettoyer et séparer les fleurons. Éplucher le trognon et le couper en dés. Faire cuire pendant 8 à 10 minutes. Sortir le légume avec une écumoire et laisser égoutter. Conserver l'eau de cuisson.

2 Cuire les tortellinis selon les instructions figurant sur l'emballage et bien égoutter.

3 Chauffer l'huile d'olive, y verser la farine et faire dorer. Arroser de 125 ml d'eau de cuisson des brocolis et de lait. Fouetter la sauce pour éviter les grumeaux puis laisser mijoter environ 5 minutes. Assaisonner de sel, de noix muscade et d'une pincée de sucre.

4 Verser les brocolis et les tortellinis dans la sauce et réchauffer. Disposer les tortellinis dans des assiettes et parsemer les amandes.

Farfalles aux légumes

1 Nettoyer, laver les ciboules et les poireaux puis les couper en rondelles.

2 Laver les tomates, ôter le pédoncule, les inciser en croix, les ébouillanter brièvement et enlever la peau. Couper les tomates en demi-quartiers.

3 Faire cuire les farfalles selon les instructions figurant sur l'emballage et bien égoutter.

4 Faire chauffer l'huile et y faire revenir les ciboules et les poireaux. Ajouter les tomates, saler et laisser mijoter à couvert pendant 6 à 8 minutes à feu doux.

5 Mélanger les pâtes et les légumes. Réchauffer encore une fois le tout. Dresser les assiettes et parsemer de persil.

Pour 4 personnes

1 botte de ciboules
1 petit poireau
250 g de petites tomates
300 g de farfalles
Sel
3 c.s. d'huile d'olive
1 c.s. de persil fraîchement ciselé

Temps de préparation : 15 minutes
(Temps de cuisson en sus)
Par portion : 380 kcal / 1600 kJ
P : 11 g, L : 8 g, G : 64 g, 0 mg chol.

Salades, soupes et en-cas

Salade de pommes de terre aux légumes

Pour 4 personnes

500 g de pommes de terre
400 g de carottes
600 g de courgettes
4 c.s. de vinaigre
1 c.c. de moutarde
1 gousse d'ail
Sel de mer
1 pincée de poivre
6 c.s. d'huile de noix
4 brin de persil plat

Temps de préparation : 25 minutes
(Temps de cuisson en sus)
Par portion : 280 kcal / 1170 kJ
P : 6 g, L : 16 g, G : 27 g, 0 mg chol.

1 Laver les pommes de terre et les faire cuire en robe des champs. Évacuer l'eau de cuisson et laisser refroidir.

2 Laver les carottes, les éplucher, les tailler en julienne. Laver les courgettes et les couper en deux dans le sens de la longueur puis en tranches.

3 Couper les pommes de terre en lamelles et mélanger aux carottes et courgettes.

4 Mélanger le vinaigre et la moutarde. Éplucher la gousse d'ail et la presser, l'ajouter au vinaigre. Saler avec le sel de mer et poivrer. Incorporer l'huile et émulsionner. Verser la sauce sur les ingrédients de la salade et laisser macérer longuement.

5 Laver le persil et éponger avec du papier absorbant pour sécher puis l'effeuiller. Garnir la salade de persil avant de servir.

CONSEIL : Les pommes de terre apportent beaucoup d'énergie. Elles sont une source importante de glucides, qui se présentent sous forme de fécule, mais aussi de protéines végétales et de vitamine C.

Salade de pâtes colorée

1 Cuire les pâtes *al dente* selon les instructions figurant sur l'emballage. Éplucher le concombre et le couper en lamelles. Laver la salade, secouer pour sécher et déchiqueter les feuilles (garder quelques feuilles entières).

2 Éplucher les carottes et les couper en lamelles. Faire blanchir pendant 2 minutes. Nettoyer les poivrons, les laver puis les couper en fines lanières.

3 Mettre les feuilles de salade entières au fond d'un saladier. Mélanger les autres légumes aux pâtes et les éparpiller dans le saladier. Laver le persil, secouer pour sécher et hacher finement.

4 Faire une sauce à salade avec le reste des ingrédients et verser celle-ci sur la salade. Saupoudrer la salade de persil ciselé avant de servir.

Pour 4 personnes

320 g de pâtes
(par ex. pennes ou farfalles)

300 g de concombre

1 laitue

4 carottes

1 poivron vert

1 poivron jaune

1 bouquet de persil

250 g de yaourt nature
(à 1,5 % M.G.)

3 c.s. de mayonnaise pour salade

2 c.s. de jus de citron

Sel, poivre

Sucre selon les goûts

Temps de préparation : 20 minutes
(Temps de repos en sus)
Par portion : 130 kcal / 550 kJ
P : 2 g, L : 8 g, G : 12 g, 1 chol.

Salade de pommes de terre

Pour 4 personnes

1 kg de pommes de terre
fermes à la cuisson

Sel, poivre

2 oignons

250 ml de bouillon de légumes

5 c.s. de vinaigre de fruits

1 pincée de sucre

5 c.s. d'huile de colza

1 c.c. de moutarde

2 c.s. de ciboulette en tronçons

Temps de préparation : 20 minutes
(Temps de cuisson et de macération
en sus)
Par portion : 260 kcal / 1090 kJ
P : 5 g, L : 12 g, G : 31 g, 0 mg chol.

1 Laver les pommes de terre et les faire cuire en robe des champs pendant 20 minutes. Évacuer l'eau de cuisson et laisser refroidir. Éplucher l'oignon et le hacher finement.

2 Chauffer le bouillon. Éplucher les pommes de terre et les couper en rondelles. Disposer les pommes de terre dans un saladier et les arroser avec un peu de bouillon.

3 Mélanger le vinaigre, le poivre, le sucre, l'huile, la moutarde et les oignons et délayer avec le reste du bouillon. Verser cette marinade sur les pommes de terre et bien mêler.

4 Placer la salade de pommes de terre pendant 30 minutes dans le réfrigérateur. Puis parsemer de ciboulette avant de servir.

Salade romaine
aux croûtons

1 Nettoyer la salade, la laver, et l'essorer. Couper les feuilles de salade en morceaux. Tailler la mie du pain en petits dés.

2 Chauffer 2 c.s. d'huile d'olive dans une poêle et y faire dorer les croûtons. Les faire refroidir sur du papier absorbant.

3 Éplucher l'ail, le hacher grossièrement et le mettre dans un mixeur avec les filets d'anchois, le jus de citron, la moutarde de Dijon et la Worcestershire sauce. Faire tourner le mixeur à petite vitesse et ajouter progressivement le reste de l'huile d'olive pour émulsionner la sauce. Saler et poivrer.

4 Disposer la salade dans un bol avec les croûtons et les copeaux de parmesan. Arroser la salade de sauce juste avant de servir.

Pour 4 personnes

2 laitues romaines
4 tranches de pain de mie
8 c.s. d'huile d'olive
1 à 2 gousses d'ail
6 filets d'anchois
4 c.s. de jus de citron
1 c.c. de moutarde de Dijon
1 c.c. de Worcestershire sauce
Sel
Poivre
50 g de copeaux de parmesan

Temps de préparation : 20 minutes
(Temps de cuisson en sus)
Par portion : 340 kcal / 1430 kJ
P : 9 g, L : 29 g, G : 13 g, 13 mg chol.

Salade de chou épicée
à l'ananas

Pour 4 personnes

2 piments
2 c.s. d'huile d'olive
2 c.s. de crème épaisse
1 c.s. de moutarde
3 c.s. jus de citron
½ c.c. de sel
600 g de chou blanc
½ ananas frais
½ botte de ciboules

Temps de préparation : 20 minutes
(Temps de macération en sus)
Par portion : 130 kcal / 540 kJ
P : 3 g, L : 6 g, G : 15 g, 0 mg chol.

1 Nettoyer le piment, épépiner et hacher finement. Dans un saladier, préparer la sauce de salade en mélangeant l'huile d'olive, la crème épaisse, la moutarde, le jus de citron et le sel.

2 Nettoyer le chou, le couper en 4, ôter le trognon et les côtes épaisses. Tailler les feuilles de chou en fines lanières ou les raboter.

3 Éplucher l'ananas, enlever le cœur puis couper la chair en dés. Mettre le chou et l'ananas dans le saladier avec la sauce et bien mêler. Laisser macérer au moins une heure.

4 Nettoyer et laver les ciboules puis les couper en tronçons. Les répartir sur la salade avant de servir.

Salade multicolore

1 Nettoyer et laver les deux sortes de salade et laisser égoutter. Déchiqueter la salade verte.

2 Laver le concombre et l'éplucher selon les goûts. Le raboter en rondelles. Laver, nettoyer et couper les radis en lamelles.

3 Nettoyer, laver et les couper les branches de céleri en tranches. Éplucher les oignons et les couper en rondelles très fines.

4 Mélanger tous les ingrédients préparés et les dresser dans des assiettes. Mélanger au fouet le reste des ingrédients. Rectifier l'assaisonnement et napper la salade de sauce juste avant de servir.

Pour 4 personnes

50 g de mâche
1 petite laitue
1 petit concombre
5 radis
3 branches de céleri
en branches
1 gros oignon
3 c.s. de jus de citron
Sel
1 c.c. de sucre
1 pincée de poivre
4 c.s. d'huile de colza

Temps de préparation : 20 minutes
Par portion : 130 kcal / 540 kJ
P : 2 g, L : 10 g, G : 6 g, 0 mg chol.

Salade estivale

Pour 4 personnes

1 petite laitue
1 petit concombre
1 botte de radis
1 boîte de maïs
2 c.c. de jus de citron
1 c.c. de miel
1 pincée de sel de mer
1 pincée de poivre
4 c.s. d'huile de soja

Temps de préparation : 20 minutes
Par portion : 160 kcal / 660 kJ
P : 3 g, L : 11 g, G : 11 g, 0 mg chol.

1 Nettoyer la salade verte, la laver, la déchiqueter en morceaux de la taille d'une bouchée et laisser égoutter. Laver soigneusement le concombre, l'éplucher puis le couper en très fines tranches. Nettoyer et laver les radis, les couper en lamelles. Égoutter le maïs.

2 Disposer au bord d'une grande assiette la salade verte, le concombre et les rondelles de radis. Déposer le maïs au milieu.

3 Mélanger le jus de citron avec le miel, le sel de mer et le poivre. Incorporer l'huile et émulsionner la sauce au fouet. Au moment de servir, verser la sauce sur la salade.

Tartare d'asperges
aux câpres

1 Laver les asperges, éplucher et couper les bouts durs. Couper les asperges en très petits dés. Faire cuire les bouts et les épluchures dans 400 ml d'eau avec du sel et du sucre pendant 10 minutes puis les sortir avec une écumoire. Laver le thym, le sécher et hacher finement les feuilles.

2 Faire cuire les dés d'asperges dans l'eau de cuisson des épluchures pendant 5 minutes. Sortir de l'eau et assaisonner de thym, de jus de citron, d'huile de pépins de raisin et de sel.

3 Nettoyer, laver et couper les ciboules en dés. Faire rissoler les dés de ciboule dans 1 c.s. d'huile d'olive. Saupoudrer de farine et arroser de vin. Verser le fond d'asperges dessus. Faire cuire la sauce à feu doux pendant 15 minutes environ.

4 Incorporer les câpres et le reste de l'huile d'olive à la sauce. Saler et poivrer. Servir avec le tartare d'asperges.

Pour 4 personnes

500 g d'asperges blanches
Sel
Sucre
2 tiges de thym citron
Jus d'½ citron non traité
2 c.s. d'huile de pépins de raisin
2 ciboules
2 c.s. d'huile d'olive
1 c.s. de farine
50 ml de vin blanc
2 c.s. de câpres

Temps de préparation : 40 minutes
(Temps de cuisson)
Par portion : 150 kcal / 620 kJ
P : 3 g, L : 11 g, G : 8 g, 0 mg chol.

Salade d'asperges
aux épinards

Pour 4 personnes

200 g de jeunes pousses d'épinards

1,5 kg d'asperges blanches

Sel, poivre

Sucre

1 gousse d'ail

2 c.s. de vinaigre de xérès

2 c.c. d'huile de sésame

4 c.s. d'huile de tournesol

1 c.s. de persil fraîchement ciselé

½ poivron rouge

Temps de préparation : 30 minutes
(Temps de cuisson en sus)
Par portion : 210 kcal / 900 kJ
P : 9 g, L : 16 g, G : 9 g, 0 mg chol.

1 Nettoyer, laver, équeuter et égoutter les épinards. Laver les asperges, les éplucher et enlever les bouts durs. Faire cuire les asperges dans de l'eau bouillante avec du sel et du sucre. Les sortir de l'eau quand elles sont encore un peu croquantes.

2 Éplucher l'ail et le hacher finement. Mélanger dans un petit bol le vinaigre, les huiles, l'ail, le sel et le poivre.

3 Servir les asperges et les épinards dans une grande assiette et napper de sauce. Parsemer le persil et décorer avec des lanières de poivron.

Salade de dinde
aux asperges

1 Laver les asperges, les éplucher et en couper les bouts durs. Tailler les asperges en biseau en petits tronçons. Nettoyer les ciboules et les couper en rondelles. Éplucher le concombre, le couper en deux, l'épépiner et le couper en rondelles. Enlever la peau du cervelas de dinde et tailler en fines lanières.

2 Mélanger les légumes et le cervelas dans un grand saladier. Trier, nettoyer, laver et hacher grossièrement l'oseille. Faire une sauce de salade avec le reste des ingrédients et incorporer l'oseille.

3 Verser le dressing sur la salade et bien mêler. Déposer une feuille de salade sur chaque assiette et répartir la salade de dinde et d'asperges par-dessus.

Pour 4 personnes

1,5 kg d'asperges blanches
1 botte de ciboules
½ concombre
150 g de cervelas de dinde
1 botte d'oseille
1 c.s. d'huile d'olive
3 c.s. de jus de citron
1 c.c. de sucre
2 c.c. de moutarde
200 g de yaourt (à 1,5 % M.G.)
Sel, poivre
4 feuilles de salade verte pour la décoration

Temps de préparation : 40 minutes
Par portion : 310 kcal / 1320 kJ
P : 17 g, L : 20 g, G : 15 g, 33 mg chol.

Pois chiches
aux épinards

Pour 4 personnes

250 g de pois chiches
800 g d'épinards frais
2 oignons rouges
4 gousses d'ail
Sel
Poivre
½ c.c. de cumin
½ c.c. de poivre de Cayenne
125 ml de bouillon
de légumes
4 c.s. d'huile d'olive
2 c.c. de coriandre
fraîchement hachée

Temps de préparation : 30 minutes
(Temps de trempage et de cuisson
en sus)
Par portion : 320 kcal / 1350 kJ
P : 15 g, L : 14 g, G : 32 g, 0 mg chol.

1 Laisser tremper pendant toute une nuit les pois chiches dans une grande quantité d'eau. Le lendemain, verser dans une passoire et laisser égoutter. Faire cuire dans de l'eau salée pendant 60 minutes puis égoutter.

2 Nettoyer et équeuter les épinards puis les laver. Éplucher les oignons et les couper en rondelles. Éplucher et hacher l'ail.

3 Mettre un tiers des épinards dans une grande casserole avec la moitié des oignons, de l'ail, des pois chiches et des épices. Répéter l'opération et terminer par une couche d'épinards.

4 Mouiller avec le bouillon et asperger d'huile. Faire mijoter la préparation à couvert pendant 30 minutes. Au besoin, rajouter du bouillon. Mélanger avec les pois chiches et garnir de coriandre avant de servir.

Salade de roquette
aux pêches

Pour 4 personnes

250 g de mélange de feuilles de salade

100 g de roquette

80 g de jambon cru

250 g de pêches (en conserve)

4 c.s. d'huile d'olive

3 c.s. de vinaigre

Sel

Poivre

2 c.s. de noix de cajou pour la décoration

Temps de préparation : 20 minutes
Par portion : 210 kcal / 860 kJ
P : 7 g, L : 13 g, G : 14 g, 14 mg chol.

1 Laver et sécher les feuilles de salade puis les déchiqueter en morceaux de la taille d'une bouchée. Laver et sécher la roquette.

2 Couper le jambon en fines lanières. Verser les pêches dans une passoire puis les couper en fines lamelles.

3 Mélanger l'huile et le vinaigre, saler et poivrer. Disposer les ingrédients dans un saladier et verser la sauce dessus. Laisser macérer environ 5 minutes.

4 Dresser les assiettes et garnir de noix de cajou.

Soupe de pommes de terre glacée

Pour 4 personnes

400 g de pommes de terre farineuses

1 petite carotte

300 g de céleri en branches

1 botte de ciboules

4 branches de marjolaine

750 ml de bouillon de légumes

250 ml de lait (à 1,5 % M.G.)

Sel, poivre blanc

1 poignée de cresson de fontaine

Temps de préparation : 40 minutes
(Temps de réfrigération en sus)
Par portion : 130 kcal / 540 kJ
P : 6 g, L : 1 g, G : 22 g, 0 mg chol.

1 Laver les pommes de terre et les carottes, les éplucher puis les couper en fines tranches. Laver et nettoyer le céleri en branches et les ciboules. Hacher grossièrement les feuilles du céleri et le bulbe des ciboules. Laver la marjolaine et la secouer pour la sécher. Réserver 3 feuilles pour la décoration.

2 Disposer tous les ingrédients préparés dans un faitout et verser dessus le bouillon. Laisser mijoter pendant 20 minutes à feu doux.

3 Ajouter le lait. Réduire la soupe en purée dans le faitout à l'aide d'un mixeur plongeant, saler et poivrer. Puis passer au chinois et bien laisser refroidir dans le réfrigérateur.

4 Nettoyer le cresson, le laver et l'essorer. Avant de servir, bien remuer la soupe et la garnir de feuilles de cresson et de marjolaine.

Soupe de pommes de terre à l'italienne

1 Éplucher et hacher finement l'ail et les oignons. Laver, éplucher et couper les pommes de terre en rondelles. Laver, nettoyer les céleris et les couper également en morceaux.

2 Faire chauffer l'huile dans un grand faitout et y faire revenir l'ail, l'oignon et les rondelles de pommes de terre. Puis y ajouter le céleri et la sauge et faire revenir rapidement le tout. Verser le bouillon dans le faitout et laisser mijoter la soupe pendant environ 20 minutes.

3 Laver les tomates, enlever les pédoncules, inciser en croix. Ébouillanter, enlever la peau puis couper les tomates en demi-quartiers. Saler et poivrer la soupe. Incorporer les tomates et réchauffer rapidement. Servir la soupe garnie de persil et de parmesan râpé.

Pour 6 personnes

1 oignon
1 gousse d'ail
350 g de pommes de terre
3 branches de céleri
en branches
2 c.s. d'huile d'olive
1 c.c. de sauge hachée
500 ml de bouillon de viande
300 g de tomates
Sel, poivre
1 c.s. de persil ciselé
4 c.s. de parmesan râpé

Temps de préparation : 25 minutes
(Temps de cuisson en sus)
Par portion : 180 kcal/760 kJ
P : 7 g, L : 9 g, G : 17 g, 8 mg chol.

Soupe aux asperges
et à l'ail des ours

Pour 4 personnes

500 g d'asperges blanches
½ c.c. de sel
½ c.c. de sucre
1 c.s. de jus de citron
2 c.s. d'huile de colza
2 c.c. de farine
200 ml de lait (à 1,5 % M.G.)
100 ml de crème
1 botte d'ail des ours

Temps de préparation : 30 minutes
(Temps de cuisson en sus)
Par portion : 180 kcal / 740 kJ
P : 5 g, L : 14 g, G : 8 g, 26 mg chol.

1 Laver les asperges, les éplucher et couper les bouts durs. Couper les asperges en morceaux d'environ 3 cm. Faire cuire 10 minutes les bouts et les épluchures dans 750 ml d'eau avec du sel, du sucre et du jus de citron. Les sortir avec une écumoire. Faire cuire les morceaux d'asperges dans cette eau, sortir également avec une écumoire et conserver l'eau de cuisson au chaud.

2 Chauffer l'huile de colza dans une casserole et en faire un roux avec la farine. Mouiller avec le fond d'asperges et fouetter pour éviter les grumeaux. Verser le lait et laisser frémir encore 10 minutes.

3 Laver l'ail des ours, le sécher puis le hacher. L'ajouter à la soupe et mixer le tout. Assaisonner de sel et de sucre.

4 Mettre en dernier les morceaux d'asperges dans la soupe et servir celle-ci avec de la crème fouettée et de la baguette.

Soupe de pommes de terre
à la tyrolienne

Pour 4 personnes

600 g de pommes de terre
1 oignon
1 c.s. d'huile de colza
Sel
Poivre
700 ml de lait (à 1,5 % M.G.)
3 c.s. de mélange d'herbes hachées (par ex. cerfeuil, estragon, marjolaine, thym, persil)
1 pincée de noix muscade
4 c.s. de croûtons

Temps de préparation : 40 minutes
(Temps de cuisson en sus)
Par portion : 250 kcal / 1060 kJ
P : 10 g, L : 7 g, G : 35 g, 15 mg chol

1 Laver les pommes de terre, les éplucher et les couper en dés. Éplucher l'oignon et le hacher grossièrement.

2 Chauffer l'huile de colza et y faire sauter l'oignon et les pommes de terre. Verser 100 ml d'eau, porter à ébullition puis laisser mijoter pendant 20 minutes environ. Saler et poivrer.

3 Mixer la soupe dans la marmite et remettre à ébullition. Incorporer le lait peu à peu.

4 Juste avant de servir la soupe, la saupoudrer d'herbes fraîches et bien remuer. Assaisonner la soupe de muscade et la servir garnie de croûtons.

Soupe de poisson
à la noix de coco

1 Couper la chair de noix de coco en dés. Laver les pommes de terre, les éplucher et les couper en morceaux. Mettre à cuire le fumet de poisson et y ajouter les lentilles, la chair de noix de coco et les pommes de terre. Laisser mijoter pendant 20 minutes à feu doux.

2 Éplucher le gingembre et le hacher finement. L'ajouter à la soupe avec le curcumin. Mixer le tout.

3 Nettoyer, laver et couper les ciboules en rondelles. Éplucher les gousses d'ail et les hacher finement. Mettre l'huile à chauffer et y faire revenir l'ail et les ciboules.

4 Laver le poisson, le sécher et le couper en dés. Mélanger le poisson avec le jus de tamarin, le garam masala et verser le tout dans la soupe en même temps que le lait et la crème de coco. Laisser le poisson cuire dans la soupe. Saler et poivrer.

Pour 6 personnes

250 g de chair de noix de coco

4 pommes de terre

100 g de lentilles rouges

1½ l de fumet de poisson

1 c.c. de curcumin en poudre

1 morceau de gingembre frais (2 cm)

1 botte de ciboules

4 gousses d'ail

4 c.s. d'huile de tournesol

600 g de filets de poisson de mer

3 c.s. de jus de tamarin

4 c.s. de garam masala

100 ml de lait de coco

3 c.s. de crème de coco

Sel, poivre

Temps de préparation : 30 minutes
(Temps de cuisson en sus)
Par portion : 430 kcal/1800 kJ
P : 26 g, L : 26 g, G : 22 g, 57 mg chol.

Soupe de tomates
à la crème de coco

Pour 4 personnes

1 oignon blanc

3 gousses d'ail

4 c.s. d'huile de colza

750 g de tomates pelées
(en boîte)

3 c.s. de garam masala

½ c.s. de cassonade

1 bouquet de coriandre

800 ml de bouillon
de légumes

6 c.s. de crème de coco

Sel

Poivre

1 c.c. de piment en poudre

1c.c. de gingembre en poudre

Temps de préparation : 25 minutes
(Temps de cuisson en sus)
Par portion : 200 kcal / 860 kJ
P : 4 g, L : 17 g, G : 10 g, 0 mg chol.

1 Éplucher et hacher finement l'oignon et les gousses d'ail. Chauffer l'huile et y faire revenir l'ail et l'oignon. Ajouter les tomates avec leur jus, le garam masala et le sucre.

2 Laver la coriandre, la sécher et en détacher les feuilles (en garder quelques unes pour la décoration). Les incorporer au mélange de tomates et faire cuire pendant 3 minutes. Verser le bouillon dans la soupe et laisser mijoter encore 10 minutes.

3 Écraser les tomates avec une fourchette et les adjoindre à la soupe avec la crème de coco. Assaisonner le tout avec du sel, du poivre, du piment et du gingembre. Garnir de feuilles de coriandre et parsemer le gingembre. Servir avec de la fougasse.

Soupe de pommes de terre pimentée

1 Laver et éplucher les pommes de terre, les recouvrir d'eau et réserver. Nettoyer, laver et couper le poireau en rondelles. Éplucher l'oignon et le couper en dés.

2 Tailler la poitrine fumée en dés. La faire fondre dans une casserole, ajouter l'oignon et le poireau et faire revenir pendant 5 minutes. Verser le bouillon et porter à ébullition.

3 Couper les pommes de terre en petits dés, les mettre dans le bouillon et remettre à ébullition. Nettoyer, laver, éplucher et couper les carottes en dés puis les verser dans la soupe. Saler et laisser frémir pendant 45 minutes.

4 Couper le pain de mie en dés. Chauffer l'huile, y faire dorer les dés de pain puis laisser les croûtons refroidir. Servir la soupe avec les croûtons et le persil.

Pour 4 personnes

500 g de pommes de terre
1 poireau
1 oignon
30 g de poitrine fumée
1 l de bouillon de viande chaud
1 carotte
Sel
2 tranches de pain de mie
2 c.s. d'huile d'olive
1 c.s. de persil haché

Temps de préparation : 25 minutes
(Temps de cuisson en sus)
Par portion : 230 kcal / 980 kJ
P : 6 g, L : 12 g, G : 26 g, 0 mg chol.

Crème de carottes

Pour 4 personnes

500 g de carottes
500 ml de bouillon de viande
200 ml de lait (à 1,5 % M.G.)
175 g de lait caillé (à 1,5 % M.G.)
Sel
Poivre
2 c.s. de persil ciselé

Temps de préparation : 15 minutes
(Temps de cuisson en sus)
Par portion : 230 kcal / 980 kJ
P : 5 g, L : 2 g, G : 11 g, 6 mg chol.

1 Laver les carottes, les nettoyer, les éplucher et les couper en gros morceaux.

2 Porter à ébullition 250 ml de bouillon et y faire cuire les carottes pendant 10 à 15 minutes puis les mixer.

3 Mélanger la purée avec le reste du bouillon, le lait et porter à ébullition.

4 Réserver 2 c.s. de lait caillé. Mélanger le reste à la soupe. Saler et poivrer.

5 Répartir la soupe dans des bols. Fouetter le reste du lait caillé et verser au milieu. Parsemer de persil.

CONSEIL : La couleur orange des carottes provient principalement de la carotène (provitamine A liposoluble). La vitamine A est excellente pour la peau.

Ragoût de carottes
au kassler

1 Déposer le kassler dans une marmite avec de l'eau légèrement salée. Ajouter un oignon épluché, la feuille de laurier et les clous de girofle. Faire cuire la viande pendant 60 minutes, évacuer l'eau et garder le kassler au chaud.

2 Éplucher les carottes et les pommes de terre et les couper en dés. Éplucher le deuxième oignon et le couper en dés.

3 Chauffer l'huile d'olive dans une marmite et y faire rissoler l'oignon. Ajouter les carottes et les pommes de terre et faire revenir en remuant. Arroser de bouillon. Nouer la marjolaine et la mettre dans la marmite. Faire mijoter les légumes pendant 20 minutes.

4 Saler et poivrer le ragoût, enlever la marjolaine. Couper la viande en morceaux et la réchauffer dans le ragoût. Garnir avec du cerfeuil.

Pour 4 personnes

600 g de kassler
(filet de porc fumé)
2 oignons
1 feuille de laurier
4 clous de girofle
500 g de carottes
400 g de pommes de terre
2 c.s. d'huile d'olive
750 ml de bouillon de viande
½ botte de marjolaine fraiche
Sel, poivre
½ bouquet de cerfeuil
fraîchement ciselé

Temps de préparation : 40 minutes
(Temps de cuisson en sus)
Par portion : 380 kcal/1600 kJ
P : 29 g, L : 18 g, G : 24 g, 84 mg chol

Champignons champêtres
farcis

Pour 4 personnes

500 g de champignons champêtres ou de gros champignons de culture

200 g de pommes de terre cuites

1 oignon

1 c.s. d'huile de colza

80 g de jambon cuit

150 g de mozzarella

Sel, poivre

½ bouquet de persil

Temps de préparation : 5 minutes
Par portion : 210 kcal / 890 kJ
P : 18 g, L : 12 g, G : 9 g, 34 mg chol.

1 Frotter les champignons avec un torchon sec. Couper les pieds et les hacher finement. Couper les pommes de terre en dés.

2 Éplucher les oignons et les couper en dés. Chauffer l'huile et y faire revenir les oignons pendant 2 minutes.

3 Détailler le jambon cuit et la mozzarella en dés. Saler et poivrer tous les ingrédients coupés en dés.

4 Laver le persil, sécher, hacher finement puis incorporer à la farce avec les pieds de champignons hachés.

5 Farcir les champignons et les faire griller 5 minutes.

Velouté de pommes de terre
aux amandes

1 Laver les pommes de terre et les faire cuire avec la peau au four à 200 °C (chaleur tournante 180 °C) pendant 40 minutes.

2 Faire griller les amandes à sec dans une poêle, les retirer de la poêle et laisser refroidir. Passer au mixeur la moitié des amandes. Laver l'aneth, le sécher puis le hacher finement. Éplucher le concombre, le couper en deux dans le sens de la longueur et l'épépiner avec une petite cuillère. Le couper en très petits dés.

3 Laisser les pommes de terre refroidir un peu, les éplucher et les écraser. Verser un filet d'huile sur la purée de pommes de terre en remuant avec une fourchette. Incorporer avec précaution les amandes mixées puis les dés de concombre et l'aneth. Assaisonner de sel, de poivre et de noix muscade.

Pour 4 personnes

500 g de pommes de terre farineuses

80 g d'amandes hachées

1 botte d'aneth

½ concombre

2 c.s. d'huile de colza

Sel, poivre

Noix muscade fraîchement râpée

Temps de préparation : 25 minutes
(Temps de cuisson en sus)
Par portion : 260 kcal / 1100 kJ
P : 7 g, L : 17 g, G : 21 g, 0 mg chol.

Rouleaux
de jambon et d'asperges

Pour 4 personnes

1 kg d'asperges blanches

Sel, sucre

8 tranches de jambon cuit
(de 30 g chacune)

1 botte de ciboulette

100 ml de rémoulade aux
herbes

Temps de préparation : 30 minutes
(Temps de cuisson)
Par portion : 250 kcal / 1060 kJ
P : 24 g, L : 15 g, G : 6 g, 100 mg chol.

1 Laver les asperges, les éplucher et éliminer les bouts durs. Faire cuire à point les asperges dans de l'eau bouillante salée avec un peu de sucre. Verser l'eau et laisser égoutter.

2 Enrouler 2 asperges dans une tranche de jambon et nouer avec 1 ciboulette.

3 Servir les rouleaux avec une rémoulade aux herbes.

Cocktail d'asperges

1 Laver les asperges, les éplucher et couper les bouts durs. Faire cuire à point les asperges dans de l'eau bouillante salée avec un peu de sucre. Verser l'eau et laisser égoutter. Verser l'ananas dans une passoire et laisser égoutter.

2 Couper les asperges en morceaux de 3 cm et les disposer dans un récipient avec l'ananas et les crevettes.

3 Faire une sauce avec le yaourt, le ketchup, le sel, le poivre et le curry et le verser sur le cocktail. Laisser macérer pendant environ 30 minutes. Garnir de persil avant de servir.

Pour 4 personnes

400 g d'asperges blanches
Sel
Sucre
200 g de tranches d'ananas non sucré (en boîte)
100 g de crevettes cuites
5 c.s. de yaourt (à 1,5 % M.G.)
1 c.s. de ketchup
Poivre
½ c.c. de curry
Persil fraîchement ciselé

Temps de préparation : 30 minutes
(Temps de cuisson de macération en sus)
Par portion : 90 kcal / 390 kJ
P : 7 g, L : 1 g, G : 13 g, 22 mg chol.

Pommes de terre au four avec un dip

Pour 4 personnes

1 kg de grosses pommes
de terre
800 ml de fond de champignons
1 c.s. d'huile de noix
80 g de graines de tournesol
80 g de graines de sésame
80 g de fleur de sel

Pour le dip :
1 botte de basilic
1 botte de ciboules
300 g de fromage blanc
à 0 % M.G.
150 g de yaourt (à 1,5 % M.G.)
Sel, poivre

Temps de préparation : 15 minutes
(Temps de cuisson de sus)
Par portion : 480 kcal / 2010 kJ
P : 25 g, L : 24 g, G : 40 g, 0 mg. chol.

1 Laver les pommes de terre et les faire cuire
en robe des champs pendant 10 minutes dans
le fond de champignons. Égoutter, laisser refroidir et couper en deux.

2 Préchauffer le four à 200 °C. Graisser une
plaque de cuisson assez grande avec l'huile
de noix et disperser les graines de tournesol, le
sésame et le sel. Disposer les pommes de terre
(partie coupée vers le bas) sur la plaque de cuisson et faire dorer au four à mi-hauteur environ
20 minutes.

3 Pour le dip, laver et sécher le basilic, couper
les feuilles en lanières. Nettoyer, laver les
ciboules et les couper en rondelles. Mélanger les
ciboules et le basilic avec le fromage blanc et le
yaourt. Saler et poivrer.

4 Disposer les pommes de terre dans un plat et
servir avec le dip.

Pommes de terre en éventail

1 Préchauffer le four à 240 °C (chaleur tournante 220 °C). Éplucher les pommes de terre, les laver et les inciser en éventail en faisant en sorte que les entailles n'aillent pas jusqu'au bout. Badigeonner d'huile.

2 Disposer les pommes de terre avec le côté entaillé vers le haut dans un plat à gratin graissé. Saler et cuire au four pendant 30 minutes. Badigeonner d'huile de temps en temps avec un pinceau.

3 Saupoudrer les pommes de terre de chapelure et asperger avec le reste de l'huile. Faire cuire encore 10 minutes au four puis répartir le fromage râpé et poursuivre la cuisson 5 minutes pour faire gratiner, jusqu'à ce que le fromage soit fondu et doré.

Pour 4 personnes

12 pommes de terre de taille égale (de 80 g chacune)

40 g de beurre

1 c.c. de sel

2 c.s. de chapelure

30 g de parmesan fraîchement râpé

Graisse pour le plat

Temps de préparation : 20 minutes (Temps de cuisson en sus)
Par portion : 260 kcal / 1090 kJ
P : 7 g, L : 11 g, G : 32 g, 5 mg chol.

Pizzas de pommes de terre piquantes

Pour 12 pizzas

900 g de pommes de terre farineuses

2 œufs, 200 g de fécule

Poivre, marjolaine hachée, paprika, romarin

200 g de feta

200 ml de lait (à 1,5 % M.G.)

1 c.c. de poivre de Cayenne

12 tomates-cerises

50 de roquette

Temps de préparation : 20 minutes
(Temps de repos, de précuisson et cuisson en sus)
Par portion : 110 kcal / 450 kJ
P : 6 g, L : 5 g, G : 11 g, 48 mg chol.

1 Faire cuire les pommes de terre pendant 20 minutes. Les peler et les passer encore chaudes au presse-purée. En faire une purée en incorporant les œufs, le sel, la fécule et les épices.

2 Préchauffer le four à 170 °C. Tapisser une plaque de cuisson de papier sulfurisé. Former une douzaine de quenelles, les abaisser de façon à obtenir des cercles de 10 cm de diamètre. Les déposer sur la plaque de cuisson et les précuire 20 minutes.

3 Couper la feta en dés et délayer dans le lait pour obtenir un mélange crémeux. Poivrer avec le poivre de Cayenne et rectifier l'assaisonnement. Laver et couper les tomates-cerises en quartiers.

4 Sortir les pizzas de pommes de terre du four et étaler la feta crémeuse. Répartir les quartiers de tomates et les enfoncer légèrement. Faire cuire au four encore 5 à 10 minutes.

5 Nettoyer, laver et tailler la roquette. En garnir les pizzas prêtes à être servies.

Aubergines au four

1 Nettoyer, laver et couper l'aubergine en rondelles. Les saupoudrer de sel et laisser dégorger 30 minutes. Puis rincer et éponger avec du
papier absorbant.

2 Dans une poêle, chauffer l'huile et y faire
dorer les rondelles d'aubergine des 2 côtés,
puis les épicer. Préchauffer le four à 200 °C (chaleur tournante 180 °C).

3 Disposer les rondelles d'aubergine dans
un plat à gratin. Couper la mozzarella en
tranches. Verser la sauce tomate sur les aubergines, couvrir de mozzarella et mettre au four
pendant 15 minutes pour gratiner.

Pour 4 personnes

1 grosse aubergine
Sel
5 c.s. d'huile d'olive
Sel aux herbes
Poivre
150 g de mozzarella
400 g de sauce tomate
à l'italienne aux herbes
(prod. industriel)

Temps de préparation : 20 minutes
(Temps de cuisson en sus)
Par portion : 260 kcal / 1100 kJ
P : 9 g, L : 22 g, G : 6 g, 17 mg chol.

Tartelettes aux asperges
et thym

Pour 12 tartelettes

300 g de farine

1 c.c. de sel

200 g de margarine

1 œuf

800 g d'asperges

300 g d'oignons

1 poivron vert

300 g de girolles

2 c.s. d'huile d'olive

1 c.s. de miel au thym

Poivre

Noix muscade moulue

3 c.s. de feuilles de thym fraîchement hachées

Graisse pour les moules

Temps de préparation : 40 minutes (Temps de repos de la pâte et de cuisson en sus)
Par tartelette : 250 kcal / 1050 kJ
P : 5 g, L : 16 g, G : 21 g, 20 mg chol.

1 Confectionner une pâte brisée avec la farine, le sel, 200 g de margarine et 1 œuf. Envelopper la pâte dans du film alimentaire et laisser reposer pendant 30 minutes.

2 Laver les asperges, les éplucher et éliminer les bouts durs. Couper les asperges en petits morceaux. Éplucher les oignons et les hacher finement. Nettoyer le poivron, enlever les graines et le couper en fines lanières. Nettoyer les girolles, les frotter avec un torchon humide et selon la taille, les couper. Chauffer l'huile dans une poêle et faire revenir les girolles et les légumes pendant 3 minutes. Incorporer le miel et assaisonner d'un mélange de sel, poivre et noix muscade. Faire cuire encore 10 minutes à couvert.

3 Préchauffer le four à 220 °C (chaleur tournante 200 °C). Partager la pâte en 12 portions et garnir les moules à tartelette préalablement graissés. Piquer le fond avec une fourchette, y disposer les légumes et saupoudrer le tout de thym. Cuire au four pendant 25 minutes. Accompagner d'une sauce piquante.

Pennes

aux asperges vertes

Pour 4 personnes

1 botte de ciboules

2 c.s. d'huile d'olive

400 g de tomates à pizza (en conserve)

Sel

Poivre

500 g d'asperges vertes

320 g de pennes

½ bouquet de basilic

4 c.s. de parmesan fraîchement râpé

Temps de préparation : 30 minutes
(Temps de cuisson en sus)
Par portion : 430 kcal / 1790 kJ
P : 17 g, L : 10 g, G : 67 g, 8 mg chol.

1 Nettoyer, laver et couper les ciboules en tronçons. Chauffer dans un faitout 1 c.s. d'huile d'olive et faire revenir les ciboules. Ajouter les tomates et les laisser cuire à découvert pendant 7 minutes à feu moyen, jusqu'à ce que la sauce épaississe. Saler et poivrer.

2 Laver les asperges, les éplucher et éliminer les bouts durs. Couper les asperges en morceaux de 4 cm et cuire à point dans de l'eau bouillante salée. Avec une écumoire, sortir les asperges et conserver l'eau de cuisson.

3 Cuire les pâtes *al dente* dans l'eau de cuisson bouillante des asperges. Laver le basilic, secouer pour sécher et le couper en lanières.

4 Verser le reste de l'huile dans la sauce ainsi que les asperges et le basilic. Laisser encore mijoter la sauce pendant 3 minutes. Servir les pennes avec la sauce aux asperges et du parmesan râpé.

Tagliatelles à la roquette

Pour 4 personnes

100 g de semoule de blé dur
200 g farine
Sel
400 g de tomates charnues
2 gousses d'ail
1 oignon
2 c.s. d'huile d'olive
Poivre
100 g de roquette
50 g de gorgonzola
50 g de parmesan
Farine pour le plan de travail
et la plaque

Temps de préparation : 45 minutes
(Temps de repos et de cuisson
en sus)
Par portion : 420 kcal / 1760 kJ
P : 15 g, L : 14 g, G : 57 g, 23 mg chol.

1 Confectionner une pâte avec la semoule, la farine, le sel et un peu d'eau et la travailler pour qu'elle soit homogène. Abaisser finement la pâte sur un plan de travail fariné, puis la tailler en lanières.

2 Disposer les lanières sur une plaque de cuisson farinée. Couvrir avec un torchon et laisser sécher. Laver les tomates, enlever les pédoncules, inciser en croix, ébouillanter dans de l'eau frémissante puis retirer la peau et concasser. Éplucher les gousses d'ail et l'oignon et les couper en dés.

3 Faire revenir les dés d'ail et d'oignon dans de l'huile, ajouter les tomates. Saler et poivrer le tout et laisser mijoter environ 10 minutes.

4 Nettoyer, laver, sécher et hacher grossièrement la roquette. L'ajouter à la sauce tomate et réchauffer 2 à 3 minutes. Couper le gorgonzola en petits morceaux et raboter le parmesan.

5 Cuire les pâtes *al dente* dans une grande quantité d'eau salée. Égoutter. Servir avec la sauce et les deux fromages.

Gnocchis

Pour 4 personnes

1 kg de pommes de terre farineuses

1 oignon haché

4 c.s. d'huile d'olive

800 g de tomates concassées

Sel

Poivre

Env. 250 g de farine

1 poignée de sauge fraiche lavée

4 c.s. de parmesan fraîchement râpé

Temps de préparation : 35 minutes
Par portion : 550 kcal / 2320 kJ
P : 16 g, L : 15 g, G : 86 g, 8 mg chol.

1 Laver les pommes de terre et les faire cuire en robe des champs. Faire fondre l'oignon dans 2 c.s. d'huile jusqu'à ce qu'il soit translucide, ajouter les tomates, saler et poivrer. Laisser épaissir en remuant de temps en temps. Évacuer l'eau de cuisson des pommes de terre. Éplucher et réduire les pommes de terre encore chaudes en purée. Saler et incorporer autant de farine qu'il faut pour obtenir une pâte lisse non collante.

2 Passer la pâte dans la farine et former un rouleau épais comme le doigt puis couper en tronçons de 2 à 3 cm de longueur. Les aplatir un peu avec une fourchette. Plonger les gnocchis dans de l'eau bouillante salée pendant 3 minutes. Les sortir de l'eau dès qu'ils remontent à la surface et laisser égoutter.

3 Faire chauffer le reste de l'huile, mettre la sauge et faire sauter les gnocchis. Parsemer de parmesan avant de servir.

Pommes de terre
et fromage blanc aux herbes

1 Fouetter le fromage blanc avec l'huile de colza pour qu'il soit bien crémeux. Saler et poivrer.

2 Laver les herbes, les secouer pour sécher, les hacher finement puis les incorporer au fromage blanc. Laisser reposer 20 minutes, épicer puis rectifier l'assaisonnement.

3 Laver les pommes de terre et les faire cuire en robe des champs dans de l'eau bouillante salée pendant 20 minutes. Évacuer l'eau et servir les pommes de terre accompagnées de fromage blanc aux herbes.

Pour 4 personnes

500 g de fromage blanc à 0 % M.G.

2 c.s. huile de colza

Sel, poivre

1 bouquet de persil

1 botte de ciboulette

½ botte de livèche

½ bouquet de cerfeuil

1 kg de pommes de terre

Temps de préparation : 20 minutes
Par portion : 330 kcal / 1370 kJ
P : 23 g, L : 6 g, G : 44 g, 0 mg chol.

Boulettes de choucroute
au lard

Pour 4 personnes

500 g de pommes de terre farineuses

Sel

200 g de choucroute

50 g de lard

1 oignon

175 ml de vin blanc

1 feuille de laurier

½ c.c. de cumin moulu

Poivre

Paprika en poudre doux

1 œuf

2 c.s. de fécule

4 c.s. d'huile de colza

Temps de préparation : 30 minutes
(Temps de cuisson en sus)
Par pièce 350 kcal / 1450 kJ
P : 6 g, L : 21 g, G : 24 g, 67 mg chol.

1 Laver les pommes de terre et les cuire dans de l'eau salée. Évacuer l'eau et laisser refroidir. Égoutter la choucroute. Tailler le lard en dés, éplucher et hacher finement l'oignon.

2 Faire fondre le lard dans une poêle et y faire revenir l'oignon. Ajouter la choucroute et mouiller avec le vin. Incorporer les épices et laisser mijoter à feu doux pendant 10 minutes. Ôter la feuille de laurier.

3 Éplucher les pommes de terre et les passer au presse-purée. Mélanger la purée avec la choucroute. Incorporer l'œuf et la fécule jusqu'à obtention d'une pâte lisse.

4 Diviser la pâte en 8 portions égales et, avec les mains humides, former 8 boulettes. Les faire dorer des deux côtés dans de l'huile chaude. Accompagner de mâche avec une sauce au yaourt.

Galettes de saumon

1 Porter à ébullition 250 ml d'eau avec le vin, la livèche, le persil, le sel et les grains de poivre puis baisser la température. Déposer le saumon dans ce jus et laisser reposer pendant 10 minutes jusqu'à ce que le poisson soit cuit. Retirer le poisson du jus, enlever la peau et laisser refroidir. Couper la chair du poisson en petits morceaux.

2 Mélanger 30 g de chapelure avec le thym, l'origan, la moutarde en poudre, le poivre de Cayenne, 1 c.c. de sel et ½ c.c. de poivre. Éplucher l'oignon et le hacher. Laver le céleri et le couper en dés. Hacher les câpres. Battre l'œuf, y mettre le persil et la Worcestershire sauce. Ajouter le mélange de chapelure et mélanger avec la chair de poisson.

3 Former de petites galettes et passer dans la chapelure restante. Réserver 30 minutes au frais. Chauffer l'huile d'olive dans une poêle et y faire dorer les galettes des 2 côtés 3 minutes. Éponger avec du papier absorbant. Servir ces galettes avec une sauce rémoulade ou une sauce tartare.

Pour 4 personnes

100 ml de vin blanc
4 tiges de livèche
½ botte de persil plat lavé
1 c.c. de sel
6 grains de poivre noir
450 g de filet de saumon
80 g de chapelure
1 c.c. de thym fraîchement ciselé
1 c.c. d'origan haché
½ c.c. de moutarde en poudre
1 pincée de poivre de Cayenne
Poivre
1 oignon
100 g de céleri en branches
1 c.s. de câpres
1 c.s. de persil ciselé
1 c.c. de Worcestershire sauce
1œuf
4 c.s. d'huile d'olive

Temps de préparation : 30 minutes
(Temps de cuisson en sus)
Par portion : 320 kcal / 1340 kJ
P : 26 g, L : 14 g, G : 17 g, 98 mg chol.

Plats principaux

Roulés de dinde
au yaourt

Pour 4 personnes

4 escalopes de dinde fines
(de 100 g chacune)

Sel

Poivre

Coriandre en poudre

Curry en poudre

2 bananes

200 g de yaourt (à 1,5 % M.G.)

2 c.s. de miel

Temps de préparation : 25 minutes
Par portion : 220 kcal / 910 kJ
P : 27 g, F : 2 g, G : 22 g, 63 mg chol.

1 Laver la viande et l'éponger sur du papier absorbant. Aplatir la viande puis la couper en deux dans le sens de la longueur. Épicer les escalopes avec du sel, du poivre, de la coriandre et du curry.

2 Peler la banane et la couper en 4. Déposer un quart de banane sur chaque escalope, enrouler et fixer avec un cure-dent. Faire griller pendant 20 minutes sur un gril en les retournant souvent.

3 Fouetter le yaourt et assaisonner de sel, de curry et de miel.

4 Servir les roulés de dinde avec la sauce au curry.

Poulet au citron

1 Retirer la peau et les tendons des blancs de poulet et aplatir la viande. L'épicer de sel, de poivre, de paprika puis la passer dans la farine.

2 Chauffer l'huile dans une poêle et y faire dorer les blancs de poulet pendant 5 minutes de chaque côté.

3 Puis ajouter les herbes et le jus de citron. Laver le citron à l'eau chaude et le trancher. Servir le poulet garni de tranches de citron. Accompagner de riz.

Pour 6 personnes

6 blancs de poulet

Sel, poivre

1 c.s. de paprika en poudre (doux)

3 c.s. de farine

4 c.s. d'huile d'olive

½ bouquet de persil plat fraîchement ciselé

1 c.c. d'estragon séché

5 c.s. de jus de citron

1 citron

Temps de préparation : 20 minutes
(Temps de cuisson en sus)
Par portion : 250 kcal / 1040 kJ
P : 36 g, L : 8 g, G : 7 g, 62 mg chol.

Émincé de poulet
aux pommes

Pour 4 personnes

4 patates douces
Sel
1 oignon
½ poivron rouge et
½ poivron vert
3 c.s. d'huile de colza
400 g de blancs de poulet
grillés
1½ c.c. de thym fraîchement
ciselé
Poivre
1 pomme
3 c.s. de ciboulette
fraîchement ciselée

Temps de préparation : 30 minutes
(Temps de cuisson en sus)
Par portion : 440 kcal / 1840 kJ
P : 29 g, L : 11 g, G : 55 g, 69 mg chol.

1 Éplucher les patates et les couper en dés. Les cuire à point dans une petite quantité d'eau salée pendant 8 minutes, puis évacuer l'eau et laisser égoutter. Éplucher l'oignon et le couper en dés. Nettoyer, laver et couper les poivrons en petits dés.

2 Chauffer 2 c.s. d'huile dans une poêle et y faire revenir l'oignon. Ajouter les dés de poivron et laisser rissoler pendant 5 minutes. Couper les blancs de poulet en dés de 2 cm.

3 Augmenter la température et faire chauffer le reste de l'huile. Ajouter les dés de patate et de poulet et laisser cuire le tout pendant environ 5 minutes. Épicer de sel, de poivre et de thym. Poser une assiette sur la préparation pour alourdir et laisser cuire encore 5 minutes. Le fond doit avoir bruni.

4 Laver et épépiner la pomme. La couper en dés sans l'éplucher. Remuer le mélange dans la poêle avec une spatule, remettre l'assiette et faire brunir de nouveau. Puis incorporer la pomme et la ciboulette au mélange et laisser mijoter encore jusqu'à ce que les dés de pomme soient tendres.

Blanc de poulet
au ragoût d'asperges

Pour 4 personnes

750 g d'asperges blanches

Sel

2 c.s. d'huile de colza

1 pincée de sucre

Resp. 200 g de carottes et de courgettes

2 échalotes

600 g de blancs de poulet

Poivre

1 c.s. de vinaigre balsamique

150 g de crème de soja

3 c.s. de ciboulette fraîchement ciselée

Temps de préparation : 40 minutes
(Temps de cuisson en sus)
Par portion : 320 kcal / 1340 kJ
P : 41 g, L : 13 g, G : 8 g, 99 mg chol.

1 Laver les asperges, les éplucher et couper les bouts durs. Faire cuire à point les asperges dans de l'eau bouillante salée avec un peu d'huile et de sucre. Couper les asperges en petits morceaux.

2 Nettoyer les carottes et les courgettes. Éplucher les carottes. Couper les deux légumes en petits dés puis les faire blanchir rapidement dans de l'eau bouillante. Laisser égoutter. Éplucher les échalotes et les hacher.

3 Nettoyer les blancs de poulet en enlevant la peau et les tendons. Saler et poivrer. Faire chauffer le reste de l'huile dans une poêle et y faire sauter le poulet pendant 5 minutes puis retourner la viande et la faire sauter encore 4 minutes. Tenir au chaud.

4 Faire revenir les échalotes dans la graisse de cuisson du poulet. Y ajouter les légumes et les asperges et réchauffer le tout. Mouiller de vinaigre et laisser réduire. Verser la crème de soja et épicer au goût. Parsemer la ciboulette sur le poulet et servir avec le ragoût d'asperges.

Poulet
aux asperges

1 Faire griller les pignons à sec dans une poêle et mettre de côté. Couper le poulet en fines lamelles. Mélanger la sauce de soja avec la fécule et y faire mariner le poulet.

2 Laver les asperges, les éplucher et éliminer les bouts durs. Couper les asperges en morceaux de 2 cm. Nettoyer les ciboules et les couper en rondelles. Nettoyer les pois gourmands. Laver les carottes, les éplucher puis les couper en dés. Laver les pousses de soja et les laisser égoutter.

3 Chauffer l'huile de colza dans une poêle (ou dans un wok) et faire revenir les morceaux de viande pendant 2 minutes, une portion à la fois. Réserver le poulet. Faire revenir les légumes et le gingembre ensemble pendant 5 minutes et mouiller de bouillon, d'huile d'arachide et de vin de riz. Réchauffer le tout. Saler et poivrer.

4 Servir le poulet accompagné de légumes et de nouilles chinoises. Garnir de pignons.

Pour 4 personnes

4 c.s. de pignons

400 g de blancs de poulet

4 c.s. de sauce de soja

2 c.c. de fécule

800 g d'asperges blanches

½ botte de ciboules

100 g de pois gourmands

2 carottes

100 g de pousses de soja

2 c.s. de gingembre fraîchement râpé

2 c.s. d'huile de colza

8 c.s. de bouillon de légumes

1 c.c. d'huile d'arachide

4 c.s. de vin de riz

Sel, poivre

Temps de préparation : 40 minutes
(Temps de cuisson en sus)
Par portion : 310 kcal / 1310 kJ
P : 34 g, L : 13 g, G : 13 g, 66 mg chol.

Paupiettes de bœuf

Pour 4 personnes

200 g de feuilles d'épinards

4 c.s. d'huile d'olive

Sel

Poivre

2 échalotes

1 gousse d'ail

150 g de champignons
de Paris

1 c.c. de thym haché

2 c.s. de brandy

Jus d'½ limette

75 g de gruyère fraîchement
râpé

4 tranches de bœuf fines et
larges de 120 g chacune

Temps de préparation : 25 minutes
(Temps de cuisson en sus)
Par portion : 340 kcal/1450 kJ
P : 33 g, L : 21 g, G : 3 g, 92 mg chol.

1 Trier, nettoyer et laver les feuilles d'épinard. Faire chauffer 2 c.s. d'huile dans une sauteuse et y faire revenir rapidement les épinards égouttés. Saler et poivrer. Les retirer de la sauteuse, presser et hacher finement. Préchauffer le four à 180 °C (chaleur tournante 160 °C).

2 Éplucher les échalotes et l'ail et les hacher finement. Nettoyer les champignons et les frotter avec un linge humide puis les couper en lamelles.

3 Faire chauffer le reste de l'huile dans une poêle et y faire revenir l'ail, les échalotes et le thym. Ajouter les champignons et faire cuire. Mouiller avec le brandy et le jus de limette et laisser réduire. Mélanger le tout avec les épinards. Incorporer le fromage et rectifier l'assaisonnement.

4 Déposer la farce sur les tranches de viande et les enrouler. Les maintenir avec une pique en bois ou ficeler avec du fil de cuisine. Les faire cuire dans une sauteuse pendant 20 minutes jusqu'à ce que la viande soit tendre.

5 Couper les paupiettes en tranches d'environ 1,5 cm et accompagner de quartiers de pommes de terre.

Lapin aux champignons

Pour 4 personnes

1 lapin ou 1 lièvre prêt
à cuisiner (d'env. 1,5 kg)

2 gousses d'ail

2 carottes

1 poireau

350 ml de vin blanc

2 branches d'estragon

1 feuille de laurier

Poivre

50 g de farine

3 c.s. d'huile d'olive

250 ml de bouillon de poule

400 g de champignons sauvages

Temps de préparation : 30 minutes
(Temps de macération et de cuisson
en sus)
Par portion : 470 kcal / 1970 kJ
P : 49 g, L : 18 g, G : 14 g, 157 mg chol.

1 Couper le lièvre (le lapin) en 8 morceaux. Éplucher l'ail et le hacher. Éplucher les carottes et les couper en rondelles. Nettoyer les poireaux, les laver et couper le blanc en rondelles.

2 Mélanger dans un saladier les légumes avec le vin, l'estragon, les feuilles de laurier et un peu de poivre. Y laisser mariner la viande pendant 24 heures et placer au frais. Tourner les morceaux plusieurs fois. Enlever la viande et les légumes de la marinade. Éponger les morceaux de viande avec du papier absorbant et passer dans la farine.

3 Faire chauffer 2 c.s. d'huile d'olive dans une sauteuse. Bien faire dorer les morceaux de viande et les réserver. Faire sauter les légumes égouttés pendant 3 minutes et ajouter les morceaux de viande. Mouiller avec la moitié de la marinade et le bouillon de poule. Laisser mijoter à couvert pendant 30 minutes à feu doux.

4 Bien nettoyer les champignons, les laver et les trancher. Chauffer le reste de l'huile dans une poêle et y faire revenir les champignons pendant 7 à 8 minutes. Les adjoindre au ragoût et laisser cuire encore 25 minutes jusqu'à ce que la viande soit tendre. Accompagner de purée de pommes de terre ou de pâtes.

Selle de chevreuil
et sauce aux griottes

Pour 4 personnes

600 g de filets de selle de chevreuil

Sel

Poivre

3 c.s. d'huile d'olive

200 g de griottes

$\frac{1}{8}$ de bâton de cannelle

150 ml de fond de gibier

100 ml de porto

Temps de préparation : 30 minutes
(Temps de cuisson en sus)
Par portion : 300 kcal / 1260 kJ
P : 33 g, L : 10 g, G : 10 g, 90 mg chol.

1 Parer les filets de chevreuil et enlever les tendons. Saler et poivrer la viande.

2 Chauffer l'huile d'olive dans une sauteuse et faire revenir la viande de tous les côtés et faire cuire pendant 10 minutes. La viande doit rester rose à l'intérieur. Entre temps, laver et dénoyauter les griottes.

3 Enlever la viande de la sauteuse et la mettre au chaud. Mettre les griottes et la cannelle dans la sauteuse, mouiller avec le fond de gibier et le porto et faire réduire un peu. Ôter le bâton de cannelle.

4 Trancher la viande et la servir avec la sauce. Accompagner de pommes croquettes.

Paupiettes de veau

1 Laver, essorer et hacher les herbes. Éplucher les gousses d'ail et les hacher. Laver les escalopes et les éponger avec du papier absorbant. Aplatir la viande puis l'enduire de sel et de poivre. Éplucher la carotte et la couper en fines lanières. Éplucher l'oignon et le râper.

2 Disposer sur chaque escalope de veau 1 tranche de jambon. Parsemer d'herbes, d'ail, d'oignon et de lanières de carotte et de marjolaine. Enrouler et ficeler les escalopes.

3 Chauffer de l'huile d'olive dans une sauteuse. Faire revenir les paupiettes de tous les côtés, déglacer avec le vin puis mouiller avec le fond de veau. Laisser mijoter les paupiettes pendant 45 minutes. Sortir la viande de la sauce. Lier la sauce avec la fécule et affiner avec la crème épaisse. Napper les paupiettes de sauce et accompagner de tagliatelles.

Pour 4 personnes

1 bouquet de persil frais
1 c.s. de feuilles de sauge
2 gousses d'ail
4 escalopes de veau
(de 120 g chacune)
1 carotte
1 oignon
Sel, poivre
4 tranches de jambon cru
1 c.s. de marjolaine
5 c.s. d'huile d'olive
200 ml de vin blanc sec
250 ml de fond de veau
1 c.s. de fécule
2 c.s. de crème épaisse

Temps de préparation : 20 minutes
(Temps de cuisson en sus)
Par portion : 320 kcal / 1350 kJ
P : 27 g, L : 18 g, G : 5 g, 94 mg chol

Roulades de chou rouge

Pour 4 personnes

1 petit chou rouge
Sel
1 oignon
2 gousses d'ail
1 c.s. d'huile de colza
250 g de viande hachée
Poivre
½ c.c. de cumin moulu
125 ml de vin rouge
2 c.s. de vinaigre de vin rouge
100 g de riz cuit
100 ml de bouillon de légumes
4 c.s. de crème épaisse

Temps de préparation : 40 minutes
(Temps de cuisson en sus)
Par portion : 300 kcal / 1250 kJ
P : 17 g, L : 15 g, G : 19 g, 42 mg chol.

1 Nettoyer le chou rouge, couper le trognon. Mettre le chou rouge dans de l'eau salée bouillante et laisser frémir 2 minutes. Retirer le chou de l'eau, séparer les 8 feuilles extérieures et les garder pour les roulades. Rincer à l'eau froide. Couper le reste du chou en fines lanières.

2 Éplucher l'ail et l'oignon et les hacher finement. Chauffer l'huile de colza dans une poêle et y faire revenir l'ail et l'oignon. Ajouter la viande hachée et 3 c.s. de lanières de chou (le reste des lanières de chou sera utilisé ultérieurement) et faire cuire 5 minutes. Assaisonner de sel, de poivre et de cumin et déglacer avec le vin rouge et le vinaigre. Laisser le tout mijoter pendant environ 10 minutes puis incorporer le riz.

3 Préchauffer le four à 180 °C (chaleur tournante 160 °C). Étaler les feuilles de chou sur un torchon et les garnir de farce. Enrouler les feuilles et les ficeler avec du fil de cuisine. Les déposer dans un plat allant au four, verser le bouillon et faire cuire pendant 20 minutes au four.

4 À la fin du temps de cuisson, déposer sur chaque roulade 1 c.s. de crème épaisse et faire gratiner brièvement. Accompagner de riz.

Escalope de veau
à l'espagnole

Pour 4 personnes

8 petites escalopes de veau
(de 60 g chacune)

Sel

Poivre

2 c.s. de farine

4 c.s. d'huile d'olive

1 oignon

2 tomates

250 g de champignons de Paris

125 ml de bouillon de légumes

300 g de marrons cuits

Temps de préparation : 30 minutes
(Temps de cuisson en sus)
Par portion : 430 kcal / 1760 kJ
P : 28 g, L : 22 g, G : 29 g, 84 mg chol.

1 Aplatir les escalopes, saler et poivrer. Les passer dans la farine et les faire dorer dans de l'huile chaude 4 minutes de chaque côté. Retirer de la poêle et garder au chaud.

2 Éplucher l'oignon et le hacher. Laver les tomates, enlever les pédoncules, inciser en croix, ébouillanter dans de l'eau frémissante et retirer la peau. Couper les tomates en demi-quartiers. Faire revenir les dés d'oignon et les tomates dans de l'huile en remuant.

3 Nettoyer les champignons, les frotter avec un torchon humide puis les couper en lamelles. Faire revenir dans la poêle avec les tomates. Arroser de bouillon. Ajouter les marrons et faire chauffer. Déposer les escalopes dans la sauce et laisser reposer 15 minutes. Servir avec du riz.

Escalopes glacées à l'orange

1 Aplatir les escalopes, assaisonner de sel, de poivre et d'1 c.c. de paprika. Mélanger le miel avec le jus de citron, la confiture, la sauce aux piments, l'huile, le poivre de Cayenne, le curry et le reste du paprika.

2 Badigeonner les escalopes avec le mélange de miel-orange et laisser reposer 2 heures environ.

3 Préchauffer le four au maximum. Disposer les escalopes dans un plat allant au four et faire griller 4 à 5 minutes sous le gril préchauffé. Badigeonner de marinade de temps en temps. Servir avec une baguette et de la salade.

Pour 4 personnes

4 escalopes de porc (de 120 g chacune)
Sel, poivre
2 c.c. de paprika en poudre
1 c.c. de miel
2 c.s. de jus de citron
3 c.s. de confiture d'oranges
2 c.c. de sauce au piment
2 c.s. d'huile de colza
½ c.c. de poivre de Cayenne
1 c.c. de curry

Temps de préparation : 20 minutes
(Temps pour mariner et pour griller en sus)
Par portion : 210 kcal/880 kJ
P : 27 g, L : 7 g, G : 8 g, 84 mg chol.

Filet d'agneau
à la mongolienne

Pour 4 personnes

800 g de filet d'agneau

3 gousses d'ail

1 morceau de gingembre frais (2 cm)

4 gros oignons

1 c.s. de sauce hoisin

1 c.s. d'huile de sésame

2 c.s. d'huile de colza

2 c.s. de graines de sésame

½ botte de ciboules

3 c.c. de fécule

3 c.s. de sauce de soja

75 cl de vin de riz

Temps de préparation : 40 minutes
Par portion : 410 kcal / 1720 kJ
P : 42 g, L : 22 g, G : 6 g, 101 mg chol.

CONSEIL : Vous pouvez remplacer le filet d'agneau par du filet de bœuf.

1 Couper la viande d'agneau en tranches en travers de la fibre. Éplucher l'ail, le gingembre et les oignons. Couper les oignons en quartiers. Hacher finement l'ail et le gingembre. Mélanger avec la sauce hoisin et l'huile de sésame. Tourner la viande dans cette sauce et laisser mariner pendant 60 minutes au réfrigérateur.

2 Faire griller les graines de sésame à sec dans une poêle, à feu modéré, en remuant sans cesse pendant 3 minutes. Sortir de la poêle pour éviter qu'elles ne brûlent et garder au chaud.

3 Chauffer l'huile de colza dans un wok et faire dorer les quartiers d'oignons à feu modéré en remuant pendant 10 minutes. Retirer de la poêle et garder au chaud.

4 Rechauffer le wok et saisir la viande à feu vif, par portion, puis remettre tous les morceaux de viande dans le wok. Couper les ciboules en rondelles.

5 Délayer la fécule dans la sauce de soja et le vin de riz et verser dans le wok. Continuer à faire revenir la viande à feu vif, sans cesser de remuer, jusqu'à ce que la viande soit cuite et que la sauce ait épaissi. Disposer la viande sur les oignons et parsemer de graines de sésame grillées et de ciboules.

Spaghettis
au hachis de veau

Pour 4 personnes

1 oignon

1 gousse d'ail

2 c.s. d'huile de colza

350 g de viande de veau hachée

4 c.s. de sauce de soja

3 c.s oudre

250 g de pois gourmands

Sel, poivre

320 g de spaghettis

1 ciboule

Temps de préparation : 25 minutes
(Temps de cuisson en sus)
Par portion : 470 kcal / 1970 kJ
P : 22 g, L : 8 g, G : 74 g, 55 mg chol.

1 Éplucher l'ail et l'oignon, les hacher et les faire revenir dans de l'huile chaude jusqu'à ce qu'ils deviennent translucides. Ajouter le haché de veau et faire revenir en remuant. Incorporer la sauce de soja, le mirin, le miel et la poudre 5 épices et poursuivre la cuisson pendant environ 3 minutes.

2 Nettoyer et laver les pois gourmands. Les faire blanchir dans de l'eau salée bouillante. Laisser égoutter et les adjoindre à la viande hachée. Faire cuire le tout encore 5 minutes. Saler et poivrer.

3 Cuire les pâtes *al dente* selon les instructions figurant sur l'emballage. Évacuer l'eau de cuisson et laisser égoutter. Dresser les pâtes dans les assiettes et répartir le hachis aux pois gourmands par-dessus. Nettoyer et émincer la ciboule pour en garnir les assiettes.

Nids de pâtes gratinés

1 Faire cuire les spaghettis *al dente* dans une grande quantité d'eau bouillante salée. Égoutter les pâtes, les passer sous l'eau froide et ajouter 1 c.s. d'huile. Éplucher l'ail, l'oignon et les hacher. Nettoyer le piment, enlever les graines et le hacher également. Nettoyer les courgettes et les couper en dés. Laver les tomates-cerises, enlever les pédoncules et les couper en deux.

2 Préchauffer le four à 200°C (chaleur tournante 170°C). Faire revenir l'oignon, l'ail et le piment dans 1 c.s. d'huile chaude. Ajouter la viande hachée et faire revenir. Adjoindre la purée de tomates, les courgettes et les lentilles et laisser mijoter le mélange pendant 10 minutes. Assaisonner avec les épices.

3 Graisser un plat à gratin. Tourner les spaghettis pour former des nids. Les disposer dans le plat à gratin et verser la sauce à la viande hachée. Déposer une tomate cerise sur chaque nid. Parsemer de fromage et faire gratiner au four pendant 20 minutes. Garnir de basilic avant de servir.

Pour 4 personnes

320 g de spaghettis
Sel, poivre
3 c.s. d'huile d'olive
1 oignon
1 gousse d'ail
½ piment rouge
1 concombre
12 tomates-cerises
350 g de viande de bœuf et de porc hachée
500 ml de purée de tomates
100 g de lentilles rouges
1 c.c. de paprika doux
80 g de gruyère râpé
Basilic pour la décoration

Temps de préparation : 35 minutes
(Temps de cuisson en sus)
Par portion : 760 kcal / 3190 kJ
P : 41 g, L : 31 g, G : 79 g, 67 mg chol.

Moussaka

Pour 4 personnes

800 g de pommes de terre
120 g d'oignons
2 à 3 gousses d'ail
600 g d'aubergines
Sel
1 c.s. d'huile d'olive
300 g de tartare
Poivre
Origan, thym au goût
400 g de tomates pelées
(en conserve)
80 g de fromage râpé
Huile pour le plat à gratin

Temps de préparation : 60 minutes
Par portion : 450 kcal / 1890 kJ
P : 20 g, L : 20 g, G : 38 g, 58 mg chol.

1 Laver les pommes de terre et les faire cuire en robe des champs. Éplucher et couper les oignons en dés. Éplucher et presser l'ail. Laver les aubergines, les couper en deux puis en fines tranches. Saler et laisser dégorger pendant 15 minutes puis les rincer et éponger.

2 Chauffer de l'huile d'olive dans une poêle et y faire fondre les oignons jusqu'à ce qu'ils soient translucides. Ajouter l'ail et faire revenir. Puis adjoindre le tartare. Saler, poivrer et saisir à feu vif. Ajouter les aubergines, l'origan et le thym, et compléter avec les tomates pelées. Laisser frémir le tout pendant 10 minutes.

3 Éplucher les pommes de terre et les couper en tranches fines. Graisser un plat à gratin avec de l'huile d'olive. Étaler la moitié du mélange de viande hachée au fond du plat. Puis disposer une couche de pommes de terre. Répartir le reste du mélange de viande hachée sur les pommes de terre. Parsemer le tout de fromage râpé et faire gratiner au four à 180 °C pendant 30 minutes.

Gratin
de pommes de terre à la viande

1 Préchauffer le four à 180°C (chaleur tournante 160°C). Couper la viande en tranches. Saler et poivrer. Éplucher les oignons et les couper en quartiers.

2 Délayer le concentré de tomates, le paprika et la harissa dans un peu d'eau. Graisser un plat à gratin avec de l'huile, y déposer les tranches de viande puis les oignons. Verser le mélange d'épices. Enfourner et faire cuire pendant 30 minutes. Recouvrir de sauce de temps en temps.

3 Éplucher les pommes de terre et les couper en rondelles. Laver les tomates, enlever les pédoncules, épépiner et concasser.

4 Adjoindre les pommes de terre et les tomates à la viande et poursuivre la cuisson environ 30 minutes. Laver le persil, secouer pour sécher et ciseler. Parsemer le gratin de persil avant de servir.

Pour 4 personnes

750 g de viande de bœuf

Sel

Poivre

2 oignons

1 c.s. de concentré de tomates

1 c.c. de paprika en poudre doux

½ c.c. de harissa

1 c.s. d'huile d'olive

750 g de pommes de terre

200 g de tomates

1 bouquet de persil ciselé

Temps de préparation : 20 minutes (Temps de cuisson en sus)
Par portion : 470 kcal/1970 kJ
P : 42 g, L : 19 g, G : 31 g, 112 mg chol.

Curry de légumes
coloré

Pour 4 personnes

Resp. 250 g de gombos,
haricots verts, carottes et
pommes de terre

4 oignons rouges

2 c.s. d'huile d'olive

2 c.s. de graines de fenouil

2 c.s. de piment en poudre

1 c.s. de coriandre en poudre

3 c.s. de curry en poudre

2 c.s. de gingembre
fraîchement râpé

400 ml de bouillon
de légumes

250 g de tomates pelées
(en conserve)

6 piments, 1 c.s. de fécule

Temps de préparation : 30 minutes
(Temps de cuisson en sus)
Par portion : 160 kcal/690 kJ
P : 6 g, L : 6 g, G : 21 g, 0 mg chol.

1 Laver et équeuter les gombos. Puis nettoyer, laver et éponger les haricots. Laver, éplucher et tailler les carottes en bâtonnets. Éplucher, laver et couper également les pommes de terre en bâtonnets. Éplucher les oignons et les couper en dés.

2 Chauffer l'huile d'olive et y faire revenir les oignons. Ajouter les graines de fenouil et les faire revenir 2 minutes. Ajouter tous les légumes et assaisonner avec les épices. Mouiller avec le bouillon et les tomates, jus compris.

3 Laver les piments, les couper dans le sens de la longueur, épépiner et tailler en lanières. Adjoindre à la préparation précédente et laisser frémir pendant 20 minutes. Au besoin, épaissir en ajoutant de la fécule. Servir avec du riz au safran.

Ragoût de maïs et de haricots

1 Éplucher et hacher les oignons. Nettoyer, laver et couper le poivron en dés. Chauffer l'huile d'olive dans une poêle et y faire revenir les légumes.

2 Éplucher les pommes de terre et les couper également en dés. Verser dans les légumes avec 250 ml d'eau et laisser mijoter le tout pendant 15 minutes.

3 Égoutter les haricots rouges et les verser dans la sauteuse. Poursuivre la cuisson pendant 15 minutes. Incorporer les tomates, le maïs égoutté, le sucre. Réchauffer le tout, saler et poivrer avant de servir.

Pour 4 personnes

2 oignons

1 poivron

2 c.s. d'huile d'olive

2 pommes de terre

350 g de haricots rouges (en conserve)

800 g de tomates (en conserve)

400 g de maïs (en conserve)

1 c.c. de sucre

Sel, poivre

Temps de préparation : 20 minutes
(Temps de cuisson en sus)
Par portion : 270 kcal / 1110 kJ
P : 12 g, L : 7 g, G : 37 g, 0 mg chol.

Riz au four

Pour 4 personnes

200 g de riz basmati

500 ml de bouillon
de légumes

Resp. 1 c.s. de sel et
de curcumin en poudre

Resp. 300 g de radis noirs,
carottes, navets

300 g de tomates

Resp. 4 échalotes et gousses
d'ail

3 c.s. d'huile d'olive

2 c.s. de gingembre
fraîchement râpé

1 c.s. de piment en poudre

Resp. ½ c.s. de cumin et de
coriandre en poudre

Menthe ciselée pour
la décoration

Temps de préparation : 40 minutes
(Temps de cuisson en sus)
Par portion : 320 kcal / 1340 kJ
P : 8 g, L : 9 g, G : 52 g, 0 mg chol.

1 Mettre le riz dans une passoire et le rincer jusqu'à ce que l'eau soit claire. Faire chauffer le bouillon, y verser le riz, le sel et le curcumin. Faire cuire pendant 6 minutes, puis évacuer l'eau et égoutter.

2 Laver, éplucher et trancher les radis noirs, les carottes, les navets. Laver les tomates, enlever les pédoncules, inciser en croix, ébouillanter, retirer la peau et couper en dés. Éplucher et couper les échalotes en dés. Éplucher l'ail et le presser.

3 Graisser un plat à gratin avec un peu d'huile d'olive. Chauffer le reste de l'huile et faire revenir les navets, les tomates, les échalotes et l'ail. Assaisonner de gingembre, piment, coriandre et cumin.

4 Préchauffer le four à 170 °C. Disposer dans le plat à gratin la moitié du mélange de légumes puis étaler le riz par-dessus et terminer par une couche de légumes.

5 Couvrir d'une feuille en aluminium et faire cuire au four à mi-hauteur pendant 20 minutes. Servir le riz garni de menthe ciselée.

Spaghettinis aux épinards
et piments

Pour 4 personnes

600 g d'épinards frais
3 piments rouges
4 gousses d'ail
320 g de spaghettinis
Sel
4 c.s. d'huile d'olive
30 g de graines de sésame
Poivre

Temps de préparation : 25 minutes
Par portion : 450 kcal / 1870 kJ
P : 14 g, L : 15 g, G : 62 g, 0 mg chol.

1 Nettoyer, laver et éponger les épinards. Nettoyer et laver les piments puis les couper en deux et les épépiner. Éplucher les gousses d'ail et les hacher finement. Cuire les pâtes *al dente* dans de l'eau bouillante salée selon les instructions figurant sur l'emballage.

2 Chauffer l'huile dans une sauteuse et faire revenir les piments. Tout en remuant, ajouter l'ail et les graines de sésame. Faire revenir pendant 2 minutes. Ajouter les épinards et les faire tomber.

3 Évacuer l'eau de cuisson des pâtes, les passer sous l'eau froide et bien égoutter. Verser les spaghettinis dans la sauteuse avec les épinards et mélanger. Saler, poivrer et dresser les assiettes.

Spaghettis aux tomates

1 Faire cuire les pâtes *al dente* selon les instructions figurant sur l'emballage. Enlever les pédoncules des tomates, inciser en croix, ébouillanter, retirer la peau, épépiner et concasser.

2 Éplucher les échalotes et les couper en dés. Épépiner les piments et tailler en fines lanières. Mélanger le tout, saler et poivrer et ajouter l'huile d'olive. Laver les feuilles de basilic, secouer pour sécher et tailler en lanières. Incorporer aux tomates.

3 Couper la mozzarella en dés de 2 cm. Bien égoutter les spaghettis dans une passoire. Les verser dans une grande casserole et les mélanger avec les tomates et les dés de mozzarella. Réchauffer à feu doux 2 à 3 minutes tout en remuant jusqu'à ce que la mozzarella commence à fondre.

Pour 4 personnes

320 g de spaghettis
Sel
1 kg de tomates charnues mûres
2 échalotes
1 petit morceau de piment
Poivre
4 c.s. d'huile d'olive
12 feuilles de basilic frais
150 g de mozzarella

Temps de préparation : 30 minutes
Par portion : 520 kcal / 2180 kJ
P : 19 g, L : 19 g, G : 67 g, 17 mg chol.

Minestrone au riz

Pour 6 personnes

500 g de mélange de legumes
(par ex. carottes, céleri en
branches, chou-fleur, chou de
Milan)

50 g de poitrine fumée

1 oignon

1 c.s. d'huile d'olive

1 boîte de haricots blancs

125 g de haricots verts
(prod. surgelé)

1,5 l de bouillon

Sel

½ c.c. de basilic

Sel aromatisé à l'ail

3 petites tomates

100 g de riz

40 g de fromage râpé

Temps de préparation : 30 minutes
(Temps de cuisson en sus)
Par portion : 250 kcal/1025 kJ
P : 11 g, L : 11 g, G : 25 g, 10 mg chol.

1 Nettoyer et laver les légumes. Éplucher et couper en morceaux les carottes et le céleri en branches. Tailler le chou de Milan en lanières. Séparer les bouquets de chou-fleur.

2 Couper la poitrine fumée en dés. Éplucher l'oignon et le couper également en dés.

3 Faire revenir la poitrine fumée et l'oignon dans de l'huile chaude. Ajouter les légumes et faire cuire quelques minutes. Rincer les haricots blancs et les laisser égoutter.

4 Incorporer les haricots blancs et les haricots verts. Arroser de bouillon et épicer. Laisser frémir la soupe pendant 10 minutes.

5 Entre temps, laver les tomates, enlever le pédoncule, inciser en croix, ébouillanter, retirer la peau et couper en quartiers.

6 Verser le riz dans la soupe et poursuivre la cuisson à frémissement pendant 15 à 20 minutes. Ajouter les tomates pour les 5 dernières minutes de cuisson. Rectifier l'assaisonnement et parsemer de fromage râpé avant de servir.

Casserole de haricots verts

Pour 4 personnes

750 g de haricots verts

600 g de petites pommes de terre

300 g de filet de porc

1 oignon

3 c.s. d'huile d'olive

250 ml de bouillon de viande

4 tiges de sarriette

Sel

Temps de préparation : 20 minutes
(Temps de cuisson en sus)
Par portion : 330 kcal/1340 kJ
P : 24 g, L : 12 g, G : 29 g, 53 mg chol.

1 Nettoyer, laver, équeuter et couper les haricots verts en morceaux. Laver, éplucher et couper les pommes de terre en deux dans le sens de la longueur. Couper le filet de porc en dés. Éplucher l'oignon et le couper en dés.

2 Chauffer l'huile et faire revenir la viande. Retirer de la poêle. Faire rissoler brièvement les pommes de terre et l'oignon dans la graisse de viande pour faire prendre couleur.

3 Ajouter la viande, les haricots et le bouillon. Porter à ébullition et laisser mijoter pendant 30 minutes. Ajouter la sarriette peu avant la fin de la cuisson.

4 Rectifier l'assaisonnement de la casserole de haricots et dresser les assiettes.

CONSEIL : Les haricots sont riches en protéines végétales, en hydrates de carbone rassasiants, en vitamines et en sels minéraux. Les haricots contenant de la phasine, une protéine toxique pour l'homme, il ne faut en aucun cas les consommer crus. La cuisson détruit la phasine et rend les haricots consommables. La sarriette est l'herbe idéale pour épicer un plat de haricots.

Brochettes de colin
à l'ananas

Pour 4 personnes

500 g de filets de colin

1 c.s. de jus de citron

1 petite boîte d'ananas en morceaux (non sucré)

4 oignons

1 poivron rouge

Sel, poivre

2 c.s. d'huile d'olive

150 g de yaourt (à 1,5 % M.G.)

200 g de fromage blanc à 0 % M.G.

½ c.c. de curry en poudre

Temps de préparation : 25 minutes
(Temps de cuisson en sus)
Par portion : 280 kcal/1160 kJ
P : 31 g, L : 5 g, G : 25 g, 65 mg chol.

1 Laver le colin et l'éponger avec du papier absorbant. Le détailler en morceaux de la taille d'une bouchée et l'asperger de jus de citron.

2 Verser l'ananas dans une passoire et le laisser égoutter en recueillant le jus dans un récipient.

3 Éplucher les oignons et les couper en deux. Nettoyer, laver et couper les poivrons en morceaux.

4 Faire des brochettes en alternant les ingrédients. Saler, poivrer et badigeonner d'huile. Faire griller pendant 10 à 15 minutes en retournant souvent les brochettes.

5 Battre le yaourt et le fromage blanc en assaisonnant de sel, poivre, curry et jus d'ananas. Servir les brochettes avec la sauce.

Brochettes de saumon
aux légumes

1 Couper le poivron en deux, épépiner et faire griller sous le gril du four préchauffé jusqu'à ce que la peau cloque et noircisse. Retirer du four et laisser refroidir dans un sac à congélation. Puis enlever la peau et couper le poivron en morceaux.

2 Nettoyer et laver la courgette, couper les extrémités et couper en morceaux de 2 cm d'épaisseur. Éplucher et couper les oignons en quartiers. Détailler le saumon en morceaux de la taille d'une bouchée.

3 Enfiler sur des brochettes en alternant le poisson et les légumes. Faire cuire sous le gril 8 à 10 minutes de chaque côté.

Pour 4 personnes

1 poivron rouge
1 courgette
2 oignons
400 g de filet de saumon
Sel
Poivre

Temps de préparation : 20 minutes
(Temps de cuisson en sus)
Par portion : 160 kcal / 670 kJ
P : 20 g, L : 7 g, G : 5 g, 35 mg chol.

Brochettes de viande
et d'ananas

Pour 4 personnes

400 g d'escalopes
Sel
Poivre
Poivre de Cayenne
1 petit ananas
2 c.s. d'huile d'olive

Temps de préparation : 20 minutes
(Temps de cuisson en sus)
Par portion : 240 kcal/1000 kJ
P : 22 g, L : 11 g, G : 13 g, 70 mg chol.

1 Couper les escalopes en morceaux de la taille d'une bouchée, saler, poivrer et relever avec un peu de poivre de Cayenne.

2 Éplucher l'ananas, ôter le cœur et couper la chair en rondelles. Recueillir le jus dans un récipient. Couper les rondelles d'ananas en deux. Verser le jus d'ananas sur la viande.

3 Embrocher la viande et l'ananas sur des piques en alternant. Badigeonner d'huile et cuire sous le gril 12 minutes de chaque côté.

Brochettes de steak
aux shiitake

1 Couper les escalopes en morceaux de la taille d'une bouchée dans un saladier. Saler et poivrer, ajouter l'huile d'olive et le vin blanc et laisser mariner.

2 Nettoyer, laver les shiitake et les éponger avec du papier absorbant. Si besoin est, les couper en morceaux plus petits. Éplucher l'oignon et le couper en quartiers.

3 Faire des brochettes en alternant les morceaux de viande, de champignon et d'oignon. Cuire sous le gril 12 minutes de chaque côté.

Pour 4 personnes

400 g d'escalopes
Sel
Poivre
2 c.s. d'huile d'olive
2 c.s. de vin blanc
250 g de shiitake
1 gros oignon

Temps de préparation : 20 minutes
(Temps de cuisson en sus)
Par portion : 210 kcal/890 kJ
P : 22 g, L : 11 g, G : 8 g, 70 mg chol.

Curry de poisson
de Bombay

Pour 4 personnes

600 g de filets de cabillaud

2 oignons

1 morceau de gingembre de 5 cm

4 gousses d'ail

4 c.s. d'huile de colza

Resp. 1 c.c. de curcumin, piment en poudre, cumin et coriandre moulus, garam masala

Sel

3 tomates

2 piments verts

1 c.s. de feuilles de coriandre

Temps de préparation : 30 minutes
Par portion : 220 kcal/940 kJ
P : 27 g, L : 11 g, G : 4 g, 75 mg chol.

1 Laver, éponger et tailler le cabillaud en morceaux de la taille d'une bouchée. Éplucher et hacher finement les oignons, l'ail et le gingembre.

2 Faire chauffer l'huile dans une sauteuse, y faire dorer les oignons et le gingembre puis ajouter l'ail et les épices et faire revenir le tout pendant 1 minute. Ajouter les morceaux de poisson en remuant avec précaution. Si besoin est, ajouter un peu d'eau.

3 Laver, nettoyer et éponger les tomates et les piments. Couper les tomates en morceaux et les piments en très fines rondelles et incorporer avec précaution ces deux ingrédients au curry de poisson. Couvrir et laisser mijoter le poisson encore 5 minutes.

4 Dresser les assiettes et parsemer de feuilles de coriandre avant de servir.

Calmars

aux oignons et tomates

Pour 4 personnes

1 kg de calmars prêts
à cuisiner

4 oignons

1 gousse d'ail

1 poivron rouge

500 g de tomates

4 c.s. d'huile d'olive

250 ml de fumet de poisson

100 ml de vin blanc sec

2 feuilles de laurier

Sel

Poivre

Poivre de Cayenne

1 c.s. de persil fraîchement
ciselé

Temps de préparation : 40 minutes
(Temps de cuisson en sus)
Par portion : 360 kcal/1520 kJ
P : 42 g, L : 13 g, G : 13 g, 312 mg chol.

1 Couper en deux les morceaux de calmars nettoyés dans le sens de la longueur puis en rondelles de 3 cm d'épaisseur. Éplucher et couper les oignons en rondelles. Éplucher et hacher l'ail. Nettoyer, laver, épépiner et tailler le poivron en lanières. Laver les tomates, enlever les pédoncules et concasser.

2 Chauffer l'huile dans une cocotte et y faire revenir l'oignon, l'ail et le poivron. Ajouter les tomates et laisser mijoter pendant 20 minutes en remuant jusqu'à évaporation du liquide. Mouiller avec le fumet et le vin. Incorporer les feuilles de laurier et porter à ébullition. Mettre les calmars, saler, poivrer, relever avec du poivre de Cayenne et laisser frémir à feu doux pendant 30 minutes. Enlever le couvercle 10 minutes avant la fin du temps de cuisson pour laisser évaporer le liquide.

3 Parsemer le ragoût de persil et servir avec du pain grillé.

Dorade à la sauce à l'orange

Pour 4 personnes

4 dorades prêtes à cuisiner
3 c.s. d'huile d'olive
Sel
Poivre
½ orange
2 citrons
½ botte d'aneth
½ botte de cerfeuil
3 c.s. de jus d'orange
3 c.s. de vin blanc sec

Temps de préparation : 20 minutes
(Temps de cuisson en sus)
Par portion : 430 kcal/1800 kJ
P : 62 g, L : 18 g, G : 4 g, 168 mg chol.

1 Préchauffer le four à 180 °C (chaleur tournante 160 °C). Badigeonner une grande sauteuse d'1 c.s. d'huile. Laver les poissons à l'intérieur et à l'extérieur, éponger avec du papier absorbant et graisser avec 1 c.s. d'huile. Saler et poivrer. Laver à l'eau chaude l'orange et les citrons et les couper en rondelles. Laver l'aneth et le cerfeuil et secouer pour sécher.

2 Mettre dans chaque poisson resp. une rondelle d'orange et de citron, 1 branche d'aneth et une branche de cerfeuil. Ficeler les poissons avec du fil de cuisine et les déposer dans la sauteuse. Badigeonner avec le reste de l'huile et mettre au four pour 40 minutes.

3 Mélanger le jus d'oranges et le vin et chauffer. Pendant la cuisson, badigeonner les poissons avec un pinceau de cuisine. Si la chair se détache légèrement quand on la pique avec une fourchette, les poissons sont cuits. Les sortir du four. Enlever la ficelle et prélever les filets des poissons. Servir avec le reste des herbes et les rondelles de citron.

Filet de sébaste
au four

Pour 2 personnes

300 g d'épinards en branches
(prod. surgelé)

400 g de pommes de terre
cuites à l'eau

300 g de sébaste

2 c.s. de jus de citron

Sel, poivre

100 ml de sauce tomate

2 c.s. de pecorino

2 c.s. de chapelure

Huile d'olive pour le plat

Temps de préparation : 15 minutes
(Temps de cuisson en sus)
Par portion : 450 kcal / 1890 kJ
P : 47 g, L : 13g, G : 40 g, 90 mg chol.

1 Laisser décongeler les épinards. Éplucher et couper les pommes de terre en rondelles. Laver et éponger le poisson avec du papier absorbant, asperger de jus de citron et saler.

2 Badigeonner un plat à gratin avec de l'huile d'olive, y disposer les rondelles de pommes de terre. Saler et poivrer. Faire égoutter les épinards et les répartir sur les pommes de terre. Placer les filets de poisson sur les pommes de terre et napper de sauce tomate.

3 Râper le fromage et le mélanger avec la chapelure. Parsemer ce mélange sur le plat avant d'enfourner. Faire cuire à 200 °C pendant 30 minutes.

Filet de carrelet
avec riz et légumes

1 Cuire le riz selon les instructions figurant sur l'emballage dans de l'eau salée.

2 Laver les filets de carrelet et les éponger, asperger de jus de citron. Préparer les légumes suivant les instructions figurant sur l'emballage.

3 Saler et poivrer le poisson et faire revenir dans de l'huile chaude 2 minutes de chaque côté. Servir le poisson avec le riz et les légumes. Parsemer l'aneth sur les filets.

Pour 4 personnes

200 g de riz à grains longs
Sel, poivre
500 g de filets de carrelet
2 c.s. de jus de citron
600 g de mélange de légumes surgelés
2 c.s. d'huile de colza
1 c.s. d'aneth haché

Temps de préparation : 15 minutes
(Temps de cuisson en sus)
Par portion : 450 kcal / 1890 kJ
P : 47 g, L : 13g, G : 40 g, 90 mg chol.

Truite sur un lit de bettes

Pour 4 personnes

8 petits filets de truite
Sel
Poivre
800 g de bettes
1 oignon
4 c.s. d'huile d'olive
Noix muscade moulue
50 ml de bouillon de légumes

Temps de préparation : 20 minutes
(Temps de cuisson en sus)
Par portion : 310 kcal/1310 kJ
P : 35 g, L : 16 g, G : 6 g, 84 mg chol.

1 Enlever la peau des filets de truite ainsi que les arêtes restantes. Saler et poivrer.

2 Nettoyer, laver les côtes de bette et couper la base des tiges dures. Faire cuire les bettes dans une petite quantité d'eau tout en remuant. Sortir de l'eau et laisser égoutter. Couper en fines lanières.

3 Éplucher et hacher l'oignon puis le faire revenir dans 2 c.s. d'huile d'olive chauffée dans une cocotte. Mettre les bettes dans la cocotte et les faire cuire avec l'oignon 3 minutes. Épicer de sel, poivre et noix muscade. Arroser de bouillon. Laisser mijoter encore 5 minutes.

4 Chauffer le reste de l'huile dans une poêle et y faire revenir les filets de truite 1 minute de chaque côté. Servir les filets sur un lit de bettes et accompagner de riz.

Pâtes rubans au saumon

1 Faire cuire les pâtes *al dente* selon les instructions figurant sur l'emballage dans une quantité d'eau salée suffisante.

2 Laver et éponger les filets de saumon puis les couper en petits cubes. Éplucher les échalotes et les couper en petits dés. Laver l'aneth, secouer pour sécher et hacher.

3 Chauffer l'huile dans une poêle et y faire revenir les échalotes. Ajouter le jus d'orange et la crème de soja et faire réduire environ 3 minutes à feu vif.

4 Épicer la sauce de sel, poivre et curcumin puis y déposer le saumon. Laisser mijoter à feu doux pendant 5 minutes, selon la taille des cubes de saumon. Incorporer l'aneth à la fin.

5 Égoutter les pâtes, les passer sous l'eau froide et les mélanger tout de suite avec la sauce au saumon.

Pour 4 personnes

320 g de pâtes rubans
Sel
500 g de filets de saumon
2 échalotes
½ botte d'aneth
1 c.s. d'huile d'olive
200 ml de jus d'orange
100 ml de crème de soja
Poivre
½ c.c. de curcumin

Temps de préparation : 20 minutes
Par portion : 540 kcal / 2270 kJ
P : 34 g, L : 16 g, G : 65 g, 43 mg chol.

Truite aux légumes

Pour 4 personnes

4 truites prêtes à cuire

2 c.s. de jus de citron

Sel, poivre

2 courgettes

3 carottes

½ branche de céleri
en branches

3 tomates

300 ml de fumet de poisson

125 ml de vin blanc sec

1 c.s. de fécule

1 c.s. de cognac

100 ml de crème de soja

4 c.s. d'huile d'olive

4 c.s. de farine

Resp. ½ c.c. de thym séché,
d'origan et de livèche

Temps de préparation : 30 minutes
(Temps de cuisson en sus)
Par portion : 510 kcal/2140 kJ
P : 51 g, L : 23 g, G : 18 g, 126 mg chol.

1 Asperger les truites de jus de citron et les enduire de sel et de poivre. Nettoyer, laver et couper les courgettes en rondelles. Éplucher et couper les carottes en fines lamelles. Nettoyer, laver et couper le céleri en rondelles. Ébouillanter et peler les tomates. Ôter le pédoncule et concasser.

2 Porter à ébullition le fumet de poisson et le vin blanc et laisser réduire légèrement. Diluer la fécule dans un peu d'eau et verser dans la sauce pour faire la liaison. Affiner avec le cognac et la crème de soja.

3 Chauffer la moitié de l'huile d'olive dans une poêle. Fariner les poissons et les faire frire 4 minutes de chaque côté.

4 Chauffer le reste de l'huile dans une deuxième poêle et y faire revenir les légumes pendant environ 5 minutes Puis saler, poivrer et assaisonner avec les épices. Servir avec la sauce.

Desserts et gâteaux

Gelée de melon
au sirop de framboises

Pour 4 personnes

1 melon miel mûr (d'env. 1 kg)
2 c.c. d'agar-agar
Sirop de framboises pour le nappage
Mélisse pour la décoration

Temps de préparation : 20 minutes
(Temps pour gélifier en sus)
Par portion : 100 kcal / 410 kJ
P : 3 g, L : 0 g, G : 21 g, 0 mg chol.

1 Couper le melon en deux, éplucher et épé-piner. Couper la chair en petits cubes et la mixer pour obtenir 500 ml de purée.

2 Délayer l'agar-agar dans la purée de melon et porter brièvement à ébullition dans une casserole.

3 Verser la gelée dans 4 ramequins rincés à l'eau froide et mettre au réfrigérateur 45 minutes.

4 Démouler les ramequins sur des assiettes à dessert et napper la gelée de sirop de framboises. Garnir de mélisse et servir sans attendre.

CONSEIL : Si vous le souhaitez, vous pouvez accompagner la gelée de melon de fruits rouges frais. Vous pouvez également remplacer le sirop de framboises par tout autre sirop de votre choix.

Melon au lait de coco
vanillé

1 Éplucher le melon, le couper en quartiers, épépiner, prélever la chair à l'aide d'une cuillère parisienne. Mettre 1 heure au réfrigérateur.

2 Faire chauffer le lait de noix de coco, le sucre et la pulpe de vanille en remuant jusqu'à dissolution du sucre. Placer également au frais.

3 Répartir les boules de melon rafraîchies dans des coupelles à dessert, les napper de lait de noix de coco et décorer de feuilles de menthe.

Pour 4 personnes

1 melon miel de taille moyenne

1 boîte de lait de noix de coco (400 ml), 6 c.s. de cassonade, ½ gousse de vanille

Feuilles de menthe pour la décoration

Temps de préparation : 30 minutes (Temps de réfrigération en sus)
Par portion : 150 kcal/630 kJ
P : 2 g, L : 1 g, G : 33 g, 0 mg chol.

Figues farcies

Pour 4 personnes

8 figues fraîches

35 g de noix hachées

2 c.s. de miel

2 c.s. de marsala sec

80 g de fromage blanc
à 0 % M.G.

80 g de chocolat au lait

Temps de préparation : 30 minutes
(Temps de cuisson en sus)
Par portion : 280 kcal/1170 kJ
P : 7 g, L : 12 g, G : 32 g, 0 mg chol.

1 Laver les figues, égaliser la base des figues pour qu'elles se tiennent et entailler en croix la partie supérieure sur 2 cm de profondeur. Préchauffer le four à 200 °C (chaleur tournante 180 °C).

2 Mélanger intimement les noix hachées, le miel, le marsala et le fromage blanc. Ouvrir légèrement les figues et les farcir de ce mélange. Les déposer sur une plaque de cuisson ou dans un plat allant au four et faire cuire 12 minutes.

3 Faire fondre le chocolat au lait au bain-marie et en napper les figues après la cuisson. Servir sans attendre.

Mousse de groseilles

1 Faire tremper la gélatine dans de l'eau froide.
Dans une casserole, porter à ébullition le babeurre, le jus de citron et le zeste de citron.

2 Y délayer le sucre et la gelée de groseilles et
incorporer la gélatine pressée. Retirer la casserole du feu et laisser reposer un instant.

3 Monter la crème liquide en chantilly et
l'incorporer délicatement à la préparation précédente. Laisser refroidir complètement.
Décorer la mousse de groseilles de groseilles
fraîches avant de servir.

Pour 4 personnes

5 feuilles de gélatine rouge

500 ml de babeurre

Jus et zeste râpé d'1 citron
non traité

80 g de sucre

4 c.s. de gelée de groseilles

200 ml de crème liquide

2 c.s. de groseilles

Temps de préparation : 15 minutes
(Temps de trempage
et de réfrigération en sus)
Par portion : 320 kcal / 1340 kJ
P : 7 g, L : 16 g, G : 37 g, 49 mg chol.

Brochettes de fruits
et mousse au chocolat

Pour 16 brochettes

2 feuilles de gélatine blanche
100 g de chocolat blanc
200 ml de crème liquide
2 c.s. de kirsch
2 blancs d'œufs
250 g de fraises
100 g de myrtilles
1 kiwi
Un peu de mélisse

Temps de préparation : 20 minutes
(Temps de réfrigération en sus)
Par brochette : 110 kcal/480 kJ
P : 2 g, L : 8 g, G : 8 g, 17 mg chol.

1 Faire tremper la gélatine dans de l'eau froide selon les instructions figurant sur l'emballage. Dans un bol, briser le chocolat en morceaux, ajouter 2 c.s. de crème liquide et faire fondre en remuant, au bain-marie, à feu doux.

2 Monter en chantilly le reste de la crème et y verser le kirsch. Presser la gélatine, l'incorporer au chocolat et tourner jusqu'à dilution. Réunir rapidement le mélange chocolaté et la chantilly. Répartir la mousse dans des verrines et mettre au réfrigérateur.

3 Pour les brochettes, laver et égoutter les fruits. Nettoyer les fraises et les couper en deux selon leur taille. Éplucher le kiwi et les couper en tranches épaisses puis couper les tranches en deux.

4 Faire les brochettes en alternant les fruits et en terminant par une feuille de mélisse. Servir les brochettes de fruits avec la mousse.

Compote de griottes
et quenelles de semoule

Pour 4 personnes

250 ml de lait (à 1,5 % M.G.)

1 pincée de sel

50 g de semoule de blé dur

2 œufs

500 g de griottes

250 ml de vin rouge

2 c.s. sucre

½ bâton de cannelle

Zeste râpé d'½ citron non traité

1 c.s. de fécule

1 c.s. de kirsch

Temps de préparation : 40 minutes
(Temps de cuisson en sus)
Par portion : 270 kcal/1110 kJ
P : 8 g, L : 5 g, G : 34 g, 122 mg chol.

1 Porter à ébullition le lait avec une pincée de sel. Verser la semoule en pluie et la faire cuire en remuant jusqu'à ce qu'elle se détache de la casserole. Laisser refroidir. Incorporer ensuite les œufs à la semoule en mélangeant soigneusement.

2 Former de petites quenelles à l'aide d'une cuillère. Les plonger 10 minutes dans une eau légèrement salée ; les retirer dès qu'elles remontent à la surface et laisser égoutter.

3 Équeuter, laver et dénoyauter les griottes. Faire chauffer le vin rouge dans une casserole (en réserver 2 c.s.), ajouter les griottes, le sucre, la cannelle et le zeste de citron et faire cuire à feu doux pendant 4 minutes. Délayer la fécule dans les 2 c.s. de vin mises de côté et verser dans la compote pour faire épaissir. Retirer le bâton de cannelle et verser le kirsch. Servir la compote froide ou chaude, selon les goûts, avec les quenelles de semoule.

Gelée d'oranges sanguines au crémant

Pour 6 personnes

5 feuilles de gélatine blanche

6 oranges

250 ml de jus d'oranges sanguines

100 g de sucre

200 ml de crémant

150 g de yaourt nature (à 1,5 % M.G.)

1 c.s. de jus de citron

Mélisse pour la décoration

Temps de préparation : 20 minutes
(Temps de réfrigération en sus)
Par portion : 210 kcal/880 kJ
P : 5 g, L : 1 g, G : 37 g, 0 mg chol.

1 Faire tremper la gélatine dans de l'eau froide selon les instructions figurant sur l'emballage. Peler les oranges et fileter en enlevant les peaux blanches. Recueillir le jus. Répartir les quartiers d'orange dans des coupelles et mettre au frais.

2 Mélanger le jus des oranges avec le jus d'oranges sanguines et le sucre et faire chauffer légèrement dans une casserole. Y presser la gélatine et la diluer en remuant. Laisser refroidir 5 minutes. Ajouter le crémant aux jus et arroser les quartiers d'orange. Couvrir d'un film alimentaire et faire prendre au réfrigérateur au moins 5 heures.

3 Battre le yaourt avec le jus de citron, le répartir sur la gelée. Garnir le tout de mélisse avant de servir.

Sorbet de thé roiboos

1 Mélanger le thé Roiboos avec le sirop de sucre et la liqueur aux herbes. Mettre ce liquide au congélateur pendant 2 ou 3 heures et remuer tous les quarts d'heure pour obtenir un sorbet.

2 Puis mixer au batteur pour obtenir une masse homogène. Battre en neige les blancs d'œufs et les incorporer au sorbet. Couvrir et remettre au congélateur.

3 Dès que le sorbet est pris, former des boules à l'aide d'une cuillère à glace. Servir avec des fruits frais.

Pour 4 personnes

750 ml de thé roiboos froid
250 ml de sirop de sucre
40 ml de liqueur aux herbes
2 blancs d'œufs

Temps de préparation : 15 minutes
(Temps de congélation en sus)
Par portion : 230 kcal/980 kJ
P : 2 g, L : 0 g, G : 50 g, 0 mg chol.

Muffins aux framboises

Pour 12 muffins

250 g de framboises fraîches
250 g de farine
70 g d'amandes hachées
2½ c.c. de levure chimique
½ c.c. de bicarbonate
1 œuf
140 g de sucre
80 ml d'huile de colza
275 g de babeurre
150 g de pâte d'amandes crue
Yaourt, framboises et sucre glace pour la décoration
Graisse pour le moule

Temps de préparation : 20 minutes
(Temps de cuisson en sus)
Par muffin : 300 kcal/1270 kJ
P : 7 g, L : 15 g, G : 34 g, 40 mg chol.

1 Préchauffer le four à 180 °C. Graisser le moule à muffins et mettre au réfrigérateur environ 10 minutes.

2 Laver les framboises, les trier et les laisser sécher sur du papier absorbant.

3 Dans un saladier, mélanger la farine, les amandes, la levure et le bicarbonate. Casser l'œuf dans un autre saladier, y ajouter délicatement le sucre, l'huile, le babeurre et les framboises. Puis verser le contenu de ce saladier dans la préparation précédente et remuer jusqu'à ce que les ingrédients secs soient humides.

4 Répartir la moitié de la pâte dans le moule à muffins ; mettre 1 c.c. de pâte d'amandes dans chaque muffin puis compléter avec le reste de la pâte. Répartir dessus le reste de la pâte d'amandes.

5 Faire cuire les muffins 20 minutes dans le four à mi-hauteur. À l'issue du temps de cuisson, laisser reposer 5 minutes dans le moule. Démouler et garnir les muffins de yaourt et de framboises. Saupoudrer de sucre glace et servir tiède.

Pommes nappées
de sauce à la vanille

1 Laver et éplucher les pommes ; les évider. Faire chauffer le vin blanc avec 30 g de sucre et le zeste de citron dans une casserole. Y déposer les pommes et faire cuire à couvert pendant 10 minutes.

2 Porter à ébullition le lait avec la pulpe de vanille et le reste du sucre.

3 Délayer la fécule dans 2 c.s. de lait, verser sur le lait et faire épaissir. Laisser frémir environ 5 minutes. Retirer la sauce à la vanille du feu et laisser refroidir un instant.

4 Retirer les pommes de la casserole et les déposer sur quatre assiettes. Farcir chaque pomme de gelée d'airelles. Dans les assiettes, entourer de sauce à la vanille et décorer de feuilles de menthe.

Pour 4 personnes

4 grosses pommes acides
250 ml de vin blanc sec
70 g de sucre
2 c.c. de zeste râpé d'1 citron non traité
500 ml de lait (à 1,5 % M.G.)
Pulpe d'½ gousse de vanille
2 c.s. de fécule
4 c.s. de gelée d'airelles
4 feuilles de menthe

Temps de préparation : 20 minutes
(Temps de cuisson en sus)
Par portion : 300 kcal / 1260 kJ
P : 5 g, L : 3 g, G : 52 g, 7 mg chol.

Muffins
aux flocons d'avoine et aux noix

Pour 12 muffins

50 g de gingembre confit

100 g de flocons d'avoine

200 g de yaourt nature
(à 1,5 % M.G.)

180 g de farine

1 c.c. de cannelle

100 g de noix hachées

2½ c.c. de levure chimique

½ c.c. de bicarbonate

1 œuf

120 g de miel

80 ml d'huile de colza

200 g de crème de soja

2 sachets de sucre vanillé

1 c.s. de cacao en poudre

Graisse pour le moule

Temps de préparation : 20 minutes
(Temps de cuisson en sus)
Par muffin : 260 kcal / 1090 kJ
P : 5 g, L : 14 g, G : 29 g, 21 mg chol.

1 Préchauffer le four à 180 °C. Graisser le moule à muffins.

2 Couper le gingembre confit en quatre. Mélanger les flocons d'avoine avec le yaourt. Mélanger la farine, la cannelle, les noix, la levure, le bicarbonate et les ²/₃ du gingembre. Battre l'œuf et y incorporer le mélange de flocons d'avoine, le miel, l'huile et le mélange de farine.

3 Répartir la pâte dans le moule à muffins et faire cuire au four à mi-hauteur pendant environ 25 minutes.

4 Fouetter la crème de soja avec le sucre vanillé et le cacao pour obtenir un mélange crémeux. Laisser les muffins reposer 5 minutes puis les démouler. Servir les muffins refroidis, garnis du reste de gingembre confit avec la crème au chocolat.

Gâteau aux pommes

Pour 12 morceaux

225 g de margarine
150 g de sucre
1 c.c. d'édulcorant liquide
3 œufs
400 g de farine
1 c.c. de levure chimique
1 kg de pommes
1 sachet de sucre vanillé
1 c.c. de cannelle
Graisse pour le moule

Temps de préparation : 30 minutes
(Temps de réfrigération
et de cuisson en sus)
Par morceau : 400 kcal / 1680 kJ
P : 6 g, L : 18g, G : 54 g, 60 mg chol.

1 Battre 125 g de margarine avec 50 g de sucre et l'édulcorant dans un saladier pour obtenir un mélange mousseux, ajouter les œufs et 250 g de farine additionnée de levure. Travailler pour faire une pâte brisée ferme. Abaisser la pâte et la déposer dans un moule démontable préalablement graissé.

2 Éplucher et épépiner les pommes ; couper la chair en petits morceaux. Faire une compote de pommes dans un peu d'eau en veillant à conserver quelques morceaux entiers. Étaler la compote de pommes sur la pâte brisée. Préchauffer le four à 160 °C (chaleur tournante 140 °C).

3 Mélanger dans un saladier le reste de la farine, le sucre, le sucre vanillé, la margarine et la cannelle. Travailler pour obtenir un crumble à répartir sur la compote de pommes. Enfourner et faire cuire 45 minutes.

Gâteau au fromage blanc

Pour 18 morceaux

250 g de farine

15 g de levure de boulanger

190 ml de lait

Sel

170 g de sucre

100 g de margarine

3 œufs

500 g de fromage blanc
à 0 % M.G.

1 sachet de sucre vanillé

750 g de pommes

200 ml de crème de soja

Sucre glace à saupoudrer

Farine pour le plan de travail

Temps de préparation : 30 minutes
(Temps de repos et de cuisson
en sus)
Par morceau : 210 kcal / 870 kJ
P : 7 g, L : 8 g, G : 26 g, 41 mg chol.

1 Tamiser la farine dans un saladier. Creuser un puits dans la farine, verser la levure avec un peu de lait réchauffé et un peu de sel. Saupoudrer de farine et faire lever 10 minutes. Puis ajouter le reste du lait, 20 g de sucre, la moitié de la margarine et un œuf. Travailler le tout pour obtenir une pâte lisse. Bien pétrir et laisser reposer 20 minutes.

2 Préchauffer le four à 200 °C (chaleur tournante 180 °C). Faire égoutter le fromage blanc dans un torchon puis le mélanger avec 50 g de sucre, une pincée de sel et le sucre vanillé. Incorporer le reste de la margarine. Casser les œufs restants en séparant les blancs des jaunes. Mélanger les jaunes avec le fromage blanc. Battre les blancs en neige puis les incorporer délicatement au mélange précédent.

3 Sur un plan de travail, abaisser la pâte à ½ cm d'épaisseur et la déposer dans un moule à tarte (34 cm Ø). Répartir le mélange de fromage blanc sur le fond de tarte. Éplucher et épépiner les pommes, les couper en quartiers et les disperser sur le fromage blanc.

4 Mélanger la crème de soja avec le reste du sucre et la verser sur la masse au fromage blanc. Enfourner et faire cuire 25 minutes jusqu'à ce que la surface soit dorée. Saupoudrer de sucre glace.

Gâteau crumble

au pavot

Pour 16 morceaux

410 ml de lait (à 1,5 % M.G.)

200 g de farine de blé complet

200 g de farine de sarrasin

30 g de levure fraîche

220 g de margarine

190 g de sucre

1 pincée de sel

1 œuf

500 g de pavot moulu

Zeste râpé d'½ citron non traité

100 g de raisins secs

200 g de farine de froment (type 55)

100 g de cassonade

100 g d'amandes hachées

Temps de préparation : 40 minutes
(Temps de repos et de cuisson
en sus)
Par morceau : 480 kcal / 2000 kJ
P : 11 g, L : 29 g, G : 44 g, 2 mg chol.

1 Chauffer 160 ml de lait dans une casserole. Tamiser la farine de blé complet et la farine de sarrasin dans un saladier et creuser un puits. Émietter la levure dans le puits et verser le lait par dessus. Pétrir le tout légèrement et faire lever 20 minutes dans un endroit chaud.

2 Ajouter 60 g de margarine, 40 g de sucre, le sel et l'œuf en pétrissant. Former une boule de pâte et faire lever à couvert, jusqu'à ce que la pâte ait doublé de volume. Préchauffer le four à 200 °C.

3 Abaisser la pâte sur une plaque de cuisson recouverte de papier sulfurisée. Porter à ébullition le reste du lait avec le pavot, le sucre restant, 40 g de margarine et le zeste de citron. Incorporer les raisins secs. Laisser refroidir légèrement puis étaler cette préparation sur la pâte.

4 Mélanger la farine de froment avec la cassonade, le reste de margarine et les amandes et travailler pour obtenir un crumble. Répartir ce crumble sur le pavot et faire cuire 30 minutes au four à mi-hauteur.

Crumble à la cannelle

Pour 20 morceaux

20 g de levure de boulanger
275 g de sucre
250 ml de lait (à 1,5 % M.G.)
500 g de farine (type 55)
225 g de margarine
1 pincée de sel
2 œufs
500 g de fromage blanc
à 0 % M.G.
25 g de fécule
100 g de raisins de Corinthe
50 g de noix moulues
Sucre à la cannelle
pour saupoudrer

Temps de préparation : 40 minutes
(Temps de repos et de cuisson
en sus)
Par morceau : 290 kcal / 1230 kJ
P : 8 g, L : 12 g, G : 38 g, 20 mg chol.

1 Émietter la levure, la délayer avec 1 c.c. de sucre dans un peu de lait et faire lever environ 15 minutes.

2 Mélanger 250 g de farine avec la levure, le reste du lait, 75 g de margarine, 75 g de sucre et le sel. Bien pétrir la pâte et laisser reposer 45 minutes.

3 Casser les œufs et séparer les blancs des jaunes. Mélanger le fromage blanc avec 100 g de sucre, les jaunes d'œufs et la levure. Battre les blancs d'œufs en neige puis y incorporer les raisins secs et la préparation au fromage blanc.

4 Préchauffer le four à 200 °C. Pétrir de nouveau la pâte et l'abaisser sur un plan de travail fariné à la taille de la plaque de cuisson. La déposer sur une plaque de cuisson tapissée de papier sulfurisé.

5 Étaler la préparation au fromage blanc sur la pâte. Mélanger la farine restante avec les noix, le reste du sucre et de la margarine et travailler pour obtenir un crumble. Répandre sur le gâteau et faire cuire au four à mi-hauteur pendant 35 minutes. Saupoudrer de sucre à la cannelle avant de servir.

Gâteau aux quetsches

Pour 20 morceaux

20 g de levure de boulanger
125 ml de lait tiède
(à 1,5 % M.G.)
80 g de sucre
250 g de farine (type 55)
100 g de margarine
1 œuf
Zeste râpé d'1 citron non traité
2 pincées de sel
1 kg de quetsches
2 c.s. de noisettes ou
d'amandes râpées
Farine pour le plan de travail
Matière grasse pour la plaque

Temps de préparation : 40 minutes
(Temps de repos et de cuisson
en sus)
Par morceau : 130 kcal/550 kJ
P : 2 g, L : 5 g, G : 18 g, 10 mg chol.

1 Délayer la levure dans le lait tiède et 1 pincée de sucre et réserver. Mettre dans un saladier la farine avec la moitié du sucre, le beurre en pommade, l'œuf, le zeste de citron et le sel. Y verser la levure délayée et malaxer le tout pour obtenir une pâte souple. Pétrir la pâte jusqu'à ce qu'elle se détache des bords. Saupoudrer avec un peu de farine, couvrir la pâte et faire lever environ 1 heure au chaud.

2 Laver les quetsches et frotter chaque fruit avec un torchon. Couper en deux, dénoyauter et entailler chaque demi-quetsche sans la séparer.

3 Pétrir encore une fois la pâte levée et abaisser sur une surface farinée aux dimensions d'une plaque de cuisson. Déposer sur la plaque graissée et parsemer les noisettes ou les amandes sur la pâte. Disposer les quetsches en rangs serrés sur la pâte. Faire lever de nouveau 20 minutes. Préchauffer le four à 225 °C. Quand la pâte est levée, saupoudrer les quetsches du sucre restant et cuire le gâteau au four 20 à 25 minutes.

Gâteau aux abricots
et au crumble

Pour 24 morceaux

Pour la pâte :
500 g de farine (type 55)
½ cube de levure fraîche (25 g)
250 ml de lait (à 1,5 % m.g.)
60 g de margarine
50 g de sucre
1 à 2 œufs
1 pointe de couteau de sel

Pour la garniture :
1,5 kg d'abricots

Pour le crumble :
200 g de farine
100 g de margarine
100 g de sucre Beurre pour la plaque

Temps de préparation : 35 minutes
(Temps de repos en sus)
Par morceau : 210 kcal/870 kJ
P : 4 g, L : 6 g, G : 32 g, 20 mg chol.

1 Pour la pâte au levain, tamiser la farine dans un saladier et creuser un puits. Réchauffer le lait. Émietter la levure dans le puits et verser dessus la moitié du lait tiède. Saupoudrer de farine et faire lever le levain pendant 20 minutes.

2 Faire fondre la margarine et la mélanger avec le sucre et les œufs. Ajouter le sel. Incorporer cette préparation au levain. Pétrir vigoureusement la pâte et faire lever encore environ 40 minutes au chaud.

3 Laver les abricots, les éponger et les dénoyauter.

4 Pour le crumble, mélanger la farine avec la margarine et le sucre et travailler du bout des doigts pour obtenir un crumble.

5 Abaisser la pâte et l'étaler sur la plaque de cuisson préalablement graissée. Couvrir et faire lever de nouveau 20 minutes. Préchauffer le four à 220 °C (chaleur tournante 200 °C). Couper les abricots en deux et les disposer sur la pâte. Éparpiller le crumble sur les fruits. Enfourner et faire cuire 35 minutes.

Muffins à la limonade
aux noisettes

Pour 12 muffins

280 g de farine
3 c.c. de levure chimique
½ c.c. de cannelle
80 g de noisettes hachées
1 œuf
150 g de cassonade
125 ml d'huile de colza
150 ml de limonade
100 ml de babeurre
Env. 100 g de sucre glace
12 noisettes grillées
12 collerettes en papier

Temps de préparation : 25 minutes
(Temps de cuisson en sus)
Par muffin : 310 kcal / 1290 kJ
P : 4 g, L : 15 g, G : 40 g, 45 mg chol.

1 Préchauffer le four à 180 °C. Placer les colle-rettes en papier dans le moule à muffins.

2 Mélanger la farine, la levure, la cannelle et les noisettes. Battre l'œuf, le sucre et l'huile de colza jusqu'à obtention d'un mélange mous-seux. Ajouter 130 ml de limonade et le babeurre et bien mélanger. Incorporer le mélange de farine et amalgamer jusqu'à ce que les ingrédients secs soient humides.

3 Verser uniformément la pâte dans le moule à muffins, faire cuire au four à mi-hauteur pendant environ 20 minutes. Laisser refroidir les muffins dans leur moule 5 minutes puis les dé-mouler.

4 Mélanger le sucre glace et le reste de la limonade et bien fouetter. Garnir les muffins de glaçage et de noisettes grillées.

Kouglof

1 Tamiser la farine dans un grand saladier et creuser un puits. Délayer la levure et 1 c.c. de sucre dans un peu de lait et verser dans le puits. Saupoudrer de farine, couvrir et faire lever environ 15 minutes.

2 Mélanger le reste du lait avec le sucre, l'huile de colza, une pincée de sel, le zeste citron et le sucre vanillé. Incorporer 1 œuf.

3 Mélanger cette préparation avec le levain et pétrir le tout jusqu'à ce que la pâte se détache des bords. Couvrir et faire lever de nouveau 30 minutes.

4 Pétrir encore une fois la pâte en incorporant les raisins secs égouttés. Verser la pâte dans le moule à kouglof préalablement graissé. Couvrir et laisser reposer jusqu'à ce que la pâte ait gonflé jusqu'à 2 cm du bord du moule. Préchauffer le four à 200 °C (chaleur tournante 180 °C). Faire cuire le kouglof pendant 50 minutes. Démouler et saupoudrer de sucre glace.

Pour 20 morceaux

300 g de farine

30 g de levure de boulanger

125 ml de lait tiède
(à 1,5 % M.G.)

80 g de sucre

80 ml d'huile de colza

Sel

Zeste râpé d'1 citron non traité

1 sachet de sucre vanillé

1 œuf

½ c.c. de sel

90 g de raisins secs macérés dans du rhum

Sucre glace

Graisse pour le moule

Temps de préparation : 30 minutes
(Temps de repos et de cuisson en sus)
Par morceau : 120 kcal/500 kJ
P : 2 g, L : 4 g, G : 18 g, 12 mg chol.

Cantuccinis

Pour 50 cantuccinis

2 œufs

90 g de sucre

Jus et zeste râpé d'½ orange non traitée

225 g de farine de froment

½ c.c. de levure chimique

125 g d'amandes entières

Temps de préparation : 20 minutes
(Temps de cuisson en sus)
Par cantuccini : 40 kcal/170 kJ
P : 1 g, L : 2 g, G : 5 g, 10 mg chol.

1 Préchauffer le four à 175 °C (chaleur tournante 155 °C). Fouetter les œufs et le sucre dans un saladier jusqu'à obtention d'un mélange mousseux. Ajouter le jus et le zeste d'orange et remuer.

2 Incorporer la farine additionnée de levure à la mousse aux œufs puis travailler du bout des doigts jusqu'à obtention d'une pâte souple.

3 Plonger les amandes dans de l'eau bouillante et les monder. Incorporer les amandes à la pâte et bien mélanger. Former 3 rouleaux de pâte (4 cm Ø) et les déposer sur une plaque de cuisson préalablement graissée. Enfourner et faire cuire 30 minutes.

4 Sortir les rouleaux du four, laisser refroidir et couper des tranches épaisses comme le pouce. Placer les cantuccinis sur la plaque et faire griller au four pendant 10 minutes pour qu'ils soient croustillants.

Sablés

1 Fouetter la margarine et le sucre glace dans un récipient pour obtenir un mélange mousseux. Ajouter la pâte d'amandes, la pulpe de vanille et le zeste de citron. Tamiser la farine par dessus et travailler pour obtenir une pâte homogène. Former avec la pâte un gros rouleau et mettre au frais pendant 30 minutes.

2 Préchauffer le four à 200 °C (chaleur tournante 180 °C). Mélanger le blanc d'œuf avec 2 c.s. d'eau. Passer le rouleau de pâte dans ce mélange puis le rouler dans le sucre grêle. Presser légèrement pour enfoncer les grains de sucre.

3 Couper le rouleau en rondelles d'½ cm d'épaisseur et les déposer sur une plaque de cuisson tapissée de papier sulfurisé. Faire cuire au four 15 minutes.

Pour 50 sablés

200 g de margarine
80 g de sucre glace
50 g de pâte d'amandes
Pulpe d'½ gousse de vanille
Zeste râpé d'½ citron non traité
350 g de farine
2 blancs d'œufs
100 g de sucre grêle

Temps de préparation : 20 minutes
(Temps de réfrigération et de cuisson en sus)
Par sablé : 70 kcal / 300 kJ
P : 1 g, L : 4 g, G : 9 g, 0 mg chol.

Index des recettes